SHODENSHA
SHINSHO

AIに勝てるのは哲学だけだ

——最強の勉強法12＋思考法10

小川仁志

祥伝社新書

はじめに

新聞にＡＩ（人工知能）という文字を見ない日はありませんし、書店に行けばＡＩをテーマにした本がたくさん並んでいます。なぜ、これほどまでにＡＩが注目を集めているのでしょうか？

ひとつは、ＡＩに対する不安の表われ。つまり、人間がＡＩに負けるのではないかという不安です。その典型が、仕事を奪われてしまうのではないかという心配です。

最初に断言しておきますが、その不安を払拭《ふっしょく》するのが本書の目的です。私は、哲学さえしっかりと身につけておけば、ＡＩなど恐るるに足《た》らずと信じています。最古の学問・哲学が最先端の技術・ＡＩに勝つ。つまり、ＡＩに勝てるのは哲学だけなのです。

ＡＩが注目を集めるもうひとつの理由は、何と言ってもＡＩに対する期待の表われです。ＡＩこそが経済を活性化する切り札として大きな期待を担《にな》っているのです。

しかし、その背景には、人々が安易に「答え」を求める風潮が横たわっています。この傾向はインターネットが登場し、検索すれば何でも答えが出てくる時代になった頃から現われ始めていました。そしてスマホ（スマートフォン）が普及したことで、子どもたちを含むほとんどの人に蔓延《まんえん》しました。その意味では、人間より賢《かしこ》いとされるAIは「絶対的な知」のごとき存在になりうる可能性を秘めています。

わからないことはAIに訊《き》けばいい、AIは何でも知っている、AIは絶対正しい——これが常識となってしまう日を、私は「×デー」と呼んでいます。ちなみに、×デーの×は「エックス」ではなく「バッテン」のつもりです。そんな日が来てもらっては困りますから。

AIが絶対正しいということは、人間はAIに従うだけのシモベになり下がることを意味します。冗談に聞こえるかもしれませんが、すでに「グーグル先生」という言葉があるように、わからないことはグーグルで調べることが当たり前になっています。そのうち、小学校で「AIが言っているから、まちがいない」と先生に楯突《たてつ》く生徒が出てくるかもしれません。

では、どうやって×デーを阻止するか？

答えは簡単です。AIだけに頼らず、自分で考える習慣を身につければいいのです。これはAIを使うなと言っているのではありません。あくまで人間のすばらしさを失わないようにしようと言いたいのです。

「人間は考える葦《あし》である」と言ったのはフランスの思想家パスカル（1623〜1662年）ですが、植物の葦のように弱い人間がこの世で生き延《の》びていられるのは、考えることができるからです。では、考えることをしなくなったらどうなるか？　人間であることのすばらしさを自《みずか》ら放棄することになるのではないでしょうか。

そこで問題になるのが、人間はどう考えればいいのかということです。もちろん、AIのように考える——大量の情報を一瞬にしてインプットしたり、瞬時に計算したりする——ことはできません。ならば、違う思考をするほかありません。ここで、AIの「スピード思考」に対して、人間の「スロー思考」が対置されます。スローは遅いという意味ではなく、じっくりという意味です。

そう、人間はじっくり考えればいいのです。その結果、仮にAIと同じ答えが出たとしてもいいでしょう。プロセスはまったく異なるのですから。言い方を換えれば、人間の場合、どう考えたか自分でよくわかっているということです。AIに出してもらった答えは、どのように出てきたのか私たちにはわかりません。実は、ＡＩ自体もわかっていない。答えに至る過程がわからない、いわゆる「ＡＩブラックボックス問題」です。

もし無人島で電子機器が使えない状態になったら、ＡＩに頼ってきた人は途方に暮れることでしょう。これに対して、自分で考える習慣が身についている人は、何とか考えて生き延びようとするでしょう。これは極端な例に思えるかもしれませんが、災害やサイバーテロなど、一時的ではあってもＡＩを使えない事態が起きる可能性はゼロではない。日常でさえ、四六時中、何から何までＡＩに頼るわけにはいきません。

人間にとって、いかに考える力が大事であるかがおわかりいただけたと思います。幸《さいわ》い、人類には最古の学問、古代ギリシアのソクラテス（紀元前４６９頃～同３９９年）が始めたとされる「哲学」があります。いや、最古かつ今なお現役の学問と言うべきでしょう。

彼の説いた「無知の知《ち》」は、ＡＩのような「絶対的な知」の対極にあります。なぜなら無知の知とは、私たちは何も知らない、だから知るように努めるべきだという意味なのですから。

この言葉は、AI時代を生き抜くわれわれへの、ソクラテスからの遺言にも思えます。AIが進化すればするほど、私たちは自分たちの方法で賢くなっていけばいいのです。

本書は、AIはもちろんデジタル機器ですら苦手なビジネスパーソン（私もそのひとりです）が、勉強・思考するための方法を指南したものです。それは取りも直さず、哲学をするための方法を意味します。さあ、一緒に反撃を開始しましょう！

2018年12月

小川仁志《おがわひとし》

目次

はじめに 3

第1章 考える人と従う人

2025年の社会 14
AI悲観論とAI楽観論 16
どちらを取るべきか？ 21
それでも、AIは人間を超えられない 24
「AIの弱点」を哲学する 27
仕事は楽になるか？ 44
仕事の二極化 47
人材の二極化 49
求められる人材 51

第2章 哲学こそ、最強の学問である

古くて新しい学問 56
哲学を思考法として使う 59
疑う・再構成する・言語化する 61
「考える」訓練 64
不完全さを武器にする 67
経験値を上げる 70
思考力で武装する 73
創造力を鍛える 75
人間の最大の武器 78

第3章 AIに勝つ、最強の勉強法12

これまでとは異なる勉強法 84
❶課題解決勉強法 86
❷娯楽でも知識でも教養でもない読書術 88

❸「役に立たないもの」習得法 91
❹質問・千本ノック 95
❺回答・千本ノック 98
❻物語創作勉強法 100
❼ながら勉強法 102
❽ソーシャルキャピタル勉強法 105
❾お金に物を言わせる勉強法 106
❿好きなものだけ&飽きたらやめる勉強法 108
⓫ご褒美勉強法 111
⓬全身勉強法 113

第4章 最強の哲学思考法10

「感じる力」を武器にする 118
❶セルフ問答法 119
セルフ問答法トレーニング 123

❷プラグマティック思考法　126
プラグマティック思考法トレーニング　128
❸感情思考法　132
感情思考法トレーニング　134
❹本音思考法　137
本音思考法トレーニング　139
❺身体思考法　140
身体思考法トレーニング　143
❻記憶生成法　145
記憶生成法トレーニング　148
❼瞑想思考法　151
瞑想思考法トレーニング　153
❽宇宙一体化思考法　155
宇宙一体化思考法トレーニング　156
❾記号思考法　159
記号思考法トレーニング　161

⑩メタ思考法　163
メタ思考法トレーニング　165

第5章 未来の生き方

人間とは何か？　170
AIを求める風潮は何を表わすのか？　171
いかに生きるか？　175
これからの時代を生き抜く三つのキーワード　177
モチベーションの維持に必要なこと　180
未来の働き方　183
未来の生き方　185
主要参考文献　189

第1章

考える人と従う人

2025年の社会

突然ですが、「2025年問題」をご存じでしょうか？

2025年には団塊《だんかい》の世代が75歳以上となり、日本国民の5人に1人が後期高齢者となる超高齢社会が到来します。医療費の増大など、さまざまな問題が指摘されるなか、現在よりもさらに働き手が減り、少ない人数で大量の高齢者を支えなければならない大変な時代が訪れるのです。しかも、もうすぐ。

しかし、希望もあります。2025年にはAIも標準装備されているかもしれません。フォルクスワーゲンは2025年までに完全自動運転の車を発売すると発表していますし、現段階でも多くのサービスがAIによって担われ始めています。

日本経済新聞2018年9月9日の記事には、「自治体業務、職員半減でも維持」とありました。総務省はAIを導入することで、将来的に現在の半数の職員でも地域の行政機能を維持できるように目論《もくろ》んでいるわけです。

みなさんは、この近未来をどう考えますか？　これで、もう安心と思うか。逆にとんでもない時代が来ると思うか。

ＡＩが標準装備され、人間に代わって多くの仕事を担うことは、人口減少社会にとってはグッドニュースです。しかし、人手《ひとで》が足りなくなった部分だけ、つまり人間の都合のいいように仕事を担ってくれるでしょうか。もし、人間が自分でやりたいと思っている仕事までＡＩが担うようになれば、それは仕事を奪われるに等しい。この場合、グッドニュースは一転《いってん》、バッドニュースに変わってしまいます。

ＡＩをめぐっては、さまざまな憶測が飛び交《か》っています。次項で詳しく論じますが、これらは大きく分けて、ＡＩ悲観論とＡＩ楽観論に大別できます。悲観的に見るか、楽観的に見るかです。なぜ「見るか」と表現したかというと、実際のところはわからないからです。専門家でさえ断言していません。

ただ、着実にＡＩが導入されつつあるのは事実です。そして、ＡＩが標準装備される事態も時間の問題でしょう。それは１９９０年代のパソコン（パーソナルコンピューター）がオフィスに導入された時と同じ、時代の流れとしてどうしようもないことなのです。ならば、私たちはその事態に備えなければなりません。

では、いったい何を備えるのか？

それは、思考できる人間になることです。ＡＩがパソコン以上に事務処理をこなす高性能の機械である限り、しっかりと考えられる人間になるか、さもなくばＡＩのシミュレーションにただ従うだけの人間になるか、どちらかです。

そんなことを言っても、なかなか勉強して思考法を学ぼうという気になれないかもしれません。そこで、まずＡＩ時代がいったいどのようなものなのか、この時代に思考することがどれほどの意義を持つのか、じっくりとお話ししていきます。

AI悲観論とAI楽観論

ＡＩには悲観論と楽観論があり、両者は鋭《するど》く対立しています。悲観論の代表は、物理学者の故ホーキング博士や電気自動車メーカー・テスラの経営者イーロン・マスクのように、ＡＩを人類を滅ぼす敵ととらえる立場です。そこまで行かずとも、ＡＩに仕事を奪われることを危惧《きぐ》する人たちも、ここに含まれます。

楽観論の代表は、未来学者レイ・カーツワイルのように、ＡＩが人間の脳を超えるシンギュラリティ（技術的特異点）が到来しても、人間をＡＩと融合したり、単なる道具として飼いならしたりできると考える立場です。

この両論は、ＡＩを論じるにあたって大前提となるものですから、いくつか紹介しておきましょう。なお、ここでの悲観論・楽観論という分類は、あくまで私の主観にもとづくものであり、彼らが悲観論・楽観論と明言しているわけではありません。まずは、悲観論から。

現在のように人工知能技術が発達し、人間との共同作業が求められるようになると、人工知能は単なる「道具」としてではなく、むしろ「賢い主体」と見なす必要があるでしょう。
（岡本裕一朗《おかもとゆういちろう》著『人工知能に哲学を教えたら』）

シンギュラリティは到来しないかもしれない。だが、ＡＩの技術自体は今後、確実に発展していく。インターネットのなかに蓄積された各種ビッグデータを処理する専用ＡＩ群が連携して、あたかも汎用ＡＩのような〝人間＝機械〟複合系として機能する日は近いだろう。そういう状況のなかで、「自由意思」や「責任」といった人間社会の諸概念をあらたに捉え直し、ＡＩのゆくえを見定めなくてはならない。
（西垣《にしがき》 通《とおる》著『ＡＩ原論――神の支配と人間の自由』）

シンギュラリティは来ないし、ＡＩが人間の仕事をすべて奪ってしまうような未来は来ませんが、人間の仕事の多くがＡＩに代替される社会はすぐそこに迫っています。つまり、ＡＩは神や征服者にはならないけれど、人間の強力なライバルになる実力は、十分に培ってきているのです。
（新井《あらい》紀子《のりこ》著『ＡＩ vs. 教科書が読めない子どもたち』）

収入の道を断たれた労働者は有料の商品を買うことができません。純粋機械化経済に至って全ての労働者は労働から解放され、もはや搾取されることもなくなるが、それと同時に飢えて死ぬしかなくなります。何の社会保障制度もなければそうならざるを得ません。
（井上智洋《いのうえともひろ》著『人工知能と経済の未来――２０３０年雇用大崩壊』）

次に、楽観論を紹介します。

しかし、二〇四〇年代の中盤には、一〇〇〇ドルで買えるコンピューティングは10^{26}cpsに到達し、一年間に創出される知能（合計で約10^{12}ドルのコストで）は、今日の人間のすべての知能よりも約一〇億倍も強力になる。ここまでくると、確かに抜本的な変化が起きる。こうした理由から、シンギュラリティ——人間の能力が根底から覆り変容するとき——は、二〇四五年に到来するとわたしは考えている。
（レイ・カーツワイル著、ＮＨＫ出版編『シンギュラリティは近い——人類が生命を超越するとき［エッセンス版］』）

こういった実例を通して、これからやって来るＡＩの未来が見えてくるが、それはＨＡＬ９０００〔『２００１年宇宙の旅』に登場する人工知能〕のような個別のコンピューターに宿る、カリスマのような人間的意識（殺人犯になってしまう可能性のある）でもなければ、シンギュラリティー信奉者が夢見る超知性《スーパーインテリジエンス》でもない。いま姿を現しつつあるＡＩは、どちらかというとアマゾンのウェブサービスのようなもので、安価で信頼性が高く、あらゆるサービスの裏に隠れている実用的でスマートなデジタル機能であり、作動している間はほとんど気づかれることもない。
（ケヴィン・ケリー著、服部桂《はっとりかつら》訳『〈インターネット〉の次に来るもの――未来を決める12の法則』）

私の意見では、人工知能が人類を征服したり、人工知能をつくり出したりという可能性は、現時点ではない。夢物語である。いまディープラーニングで起こりつつあることとは、「世界の特徴量を見つけ特徴表現を学習する」ことであり、これ自体は予測能力を上げる上できわめて重要である。ところが、このことと、人工知能が自らの意思を持ったり、人工知能を設計し直したりすることとは、天と地ほど距離が離れている。
（松尾豊《まつおゆたか》著『人工知能は人間を超えるか――ディープラーニングの先にあるもの』）

しかし科学技術の現状を見る限り、そのようなＡＩ、ロボットを作れる目途は立っていません。この意味でのシンギュラリティ（技術的特異点）は21世紀中には来ないとみるべきでしょう。

（野村直之《のむらなおゆき》著『実践フェーズに突入　最強のＡＩ活用術』）

２０１７年の私たちは、少なくとも悲観的なディストピアより、テクノロジーの流動性がもたらすプロトピアへ向かっていかなければならないのではないだろうか。

（落合陽一《おちあいよういち》著『超ＡＩ時代の生存戦略――シンギュラリティ〈２０４０年代〉に備える34のリスト』）

どちらを取るべきか？

松尾豊氏（東京大学大学院特任准教授）や野村直之氏（法政大学大学院客員教授、メタデータ社長）のようなＡＩ研究者以外にも、数学者（新井紀子　国立情報学研究所教授）、情報学者（西垣通　東京経済大学教授）、経済学者（井上智洋　駒澤大学准教授）、哲学者（岡本裕一朗　玉川大学教授）など、さまざまな分野の知性が、ＡＩについて言及しています。いかに、ＡＩへの関心が高いかがわかります。

悲観論はおおむね、ＡＩが高度に発達して人間の能力を超え、仕事を奪うような存在になる、人間を支配さえするという論調と思ってもらっていいでしょう。いかにもSFチックですが、ありえないことではありません。

おそらく悲観論者は、AIが人間にコントロールできないものになってしまうことを危惧しているのでしょう。これは、いかなるテクノロジーにも当てはまるものです。テクノロジーはあくまで人間のシモべであり、それが制御できなくなった瞬間から敵になるわけです。しかも人間より優《すぐ》れた能力を持っているとすれば、なおさら脅威に感じるでしょう。

AIに仕事が奪われるのではないかと恐れている人のほとんどが、こうした悲観論を抱いていると言えます。あたかも、移民に仕事を奪われてしまう人たちのように。そして、AIを憎《にく》む。

では、楽観論はどうか?

こちらは逆に、AIは人間の役に立つ便利なテクノロジーだからいいのだと考えています。つまり、ずっと制御し続けることができると思っているのです。ですから、どれだけ進化しても心配はない。今のコンピューターの延長線上にAIを位置づけているのです。

計算機はどこまで行っても、しょせん計算機。いや、進化した計算機はこれまで以上に人間の役に立つ。だからオートメーションで合理化が図《はか》られたように、今回もいっそうの合理化が図られると考えています。

悲観論とも楽観論とも言えない立場もあります。それは、ＡＩが神のようになると考える人たちです。ＡＩが万能であることから、その万能のＡＩに何もかも託《たく》そうと考えるわけです。

悲観論・楽観論のどちらが正しいかはわかりません。ならば、都合よく受け止めておくのが一番いいのではないでしょうか。つまり、基本的には楽観論に与《くみ》しつつも、過度に楽観的にならないように備えておく。そうすれば、あきらめることなく、自分をブラッシュアップし続けることができます。

ＡＩと社会の行《ゆ》く末《すえ》がどうなろうと、大事なことは自分を高めておくこと。悲観的になってあきらめてしまったらおしまいです。

ちなみに、ＡＩの問題に限らず、幸福になれるのはいつも楽観的な人です。哲学でも、多くの幸福論は楽観主義に依拠しています。その代表がフランスの哲学者アラン（１８６

8～1951年）です。彼の言葉は、AI時代にもそのまま通用するように思います。

われわれの社会は、求めようとしない者には何ひとつ与えない。辛抱強く、途中で放棄しないで求めようとしない者には、とぼくは言いたい。

（アラン著、神谷幹夫《かみやみきお》訳『幸福論』）

それでも、AIは人間を超えられない

私は、それでもAIは人間を超えられないと考えています。理由はいくつかあります。まず、そもそもAIを作っている人たちが、人間のことをよくわかっていません。つまり、人間を超えるためには人間を完全に理解し、それ以上のものを作らないといけないわけですが、その前提の部分ですでに限界があるのです。

誤解を恐れずに言えば、科学者は人間を外からしか見ようとしません。たとえば、人間には意識があります。でも、意識を覗《のぞ》くのは不可能です。これは自分にしかわからないもの。いや、自分にさえ説明は不可能でしょう。ただ、「自分にはある」としか言えないも

のなのです。

どうも、ここが軽視されているように思えてなりません。いくら脳の仕組みや脳から出る信号を調べても、意識は見えてきません。言い方を換えれば、人間はいまだにコピーできないのです。それをコピーした気になって、それ以上のものを作ったと嘯《うそぶ》いたところで、はたして本当に「それ以上」と言えるかどうか。

計算能力がいくら優れていても、それだけで「人間以上」とは言えないでしょう。「人間以上」という言葉の奥には、もっともっと深い意味があるはずです。

次に、人間には無限の可能性があるので、無限を超えることはできないという点です。

これも、人間のコピーの話に関係してきますが、人間は、この無限の可能性を秘めているところに特徴があります。ただし、その謎はすでに解明されているとは言えません。ということは、いくら優秀なＡＩを作っても、この無限の可能性の有無という点で人間にはかなわないのです。

そこには、人間の思考力の無限の可能性も含まれます。人間の思考は無限だと言っていい。私が今こそ哲学の出番だと言うのは、そうした理由からです。

思考のなかの思考である哲学という営《いとな》みは、まさに人間の思考の無限の可能性を象徴するものです。二千数百年の、この知の歴史を見てください。たとえば自由について、いったいどれだけの人が思考をめぐらせてきたことか。たったひとつの概念ですよ。そのたったひとつの言葉のために、2000年以上もの間、無数の人たちが無数の思考を行ない、無数の言葉を費《つい》やしてきた。これが、哲学の可能性です。

では、はたしてAIに哲学ができるのか?

これには議論があるところですが、私はできないと思っています。なぜなら、哲学思考は単なる論理思考とは異なり、人間のあらゆる能力を総動員した不思議な思考だからです。そのなかには当然、感情や無意識のようなものも含まれてきます。しかも、そのレシピは人それぞれ、いや、その瞬間瞬間で匠《たくみ》の勘に委《ゆだ》ねるかのごとく変わってきます。いったい、これをどう再現できるというのか（この論点についてはあとでじっくりお話しします）。

そもそも、人間には得体の知れない能力が備わっています。勉強もスポーツもできるし、歌も歌えるし、お笑いの芸もできる。無数のことができます。これらすべてにおいて、ＡＩが超越することは不可能でしょう。ＡＩが人間に勝てるのは、限られた分野にすぎません。たとえ、それがインターネット上でつながったスーパーＡＩだとしても。

だからこそ人間は、ＡＩなどというモンスターを生み出すこともできたのではないでしょうか。

まだ納得していただけない方のために、ここで、ＡＩがけっして人間を超えることができない究極の理由を挙げたいと思います。

それは、人間がＡＩを作ったという事実です。この事実はけっして超えることができません。歴史を変えることができないように。あるいは、人間が神を超えられないのと同じように。ＡＩは、この事実の前にただ平伏《ひれふ》すしかないのです。人間は誇りを持って、創始者としての責任をはたすべきでしょう。ＡＩに任《まか》せるところは任せて、自分がやり続けるべきことはしっかりとやり続けなければならないのです。

「ＡＩの弱点」を哲学する

ここで、ＡＩの弱点をはっきりと指摘しておきたいと思います。そうすることで、今後人間が何をすればいいかがはっきりするからです。言い換えるとそれは、人間の強みを明らかにすることでもあります。

ＡＩの弱点として、少なくとも、①常識がわからない ②計算しかできない ③経験がない ④意志がない ⑤意味がわからない ⑥身体がない ⑦本能がない ⑧感情がない ⑨柔軟性がない ⑩曖昧《あいまい》さがわからない の10個が挙げられます。

これだけ見ても、相当大事なものが欠落していることがおわかりかと思います。反対に、人間にはこれらすべてが備わっています。ここからは、ひとつずつ検証・対比していきます。「当たり前」と思われることも多いかもしれませんが、この「当たり前」をあえて検証することも哲学の大事な要素です。

①常識がわからない

人間には常識が備わっているのです。たとえば、「春はいいねぇ」と言えば、人間にはだいたい意味がわかります。なぜなら、国によって多少違いはあるものの、一般に春は冬を耐えた生命が活動を始める季節であり、新しいことが始まる象徴だからです。しかし、

ＡＩにはそんな常識はありません。

常識は、とても大事なものです。当たり前すぎて、わざわざ確認しないので、それが共有されていない場合にはなかなかコミュニケーションが成り立たないのです。場合によっては、とんでもない回答をすることになります。

常識がないと、このとんでもない回答を１人で物事を考える時にもやってしまうのです。それがＡＩの弱点だと言っていいでしょう。逆に言えば、常識を持ち、それを使いこなしている人間は強力です。なぜなら、常識は膨大《ぼうだい》にありますし、その場その場で変化するものだからです。その変化さえ理解し、瞬時に常識のレベルや範囲を設定できるのが人間です。場を読む、空気を読むと表現してもいいでしょう。

外国の人がいれば常識は急に変わります。子どもがいてもそうでしょう。同じ日本人、かつ大人でも、出身地が違えば、もう常識が異なります。そう考えると、常識のある・なし、その場その場で空気を読む能力。これらが人間にとっていかに大切か、またそれらが人間の思考に対していかに影響をおよぼしているかが改めてわかります。

②計算しかできない

ＡＩの最大の弱点は、計算しかできないことです。ＡＩといえどもコンピューターですから、基本的に加減乗除《かげんじょうじょ》（＋・－・×・÷）の四則演算《しそくえんざん》しかできません。それを高速で行なっているから、あたかもさまざまな思考をしているように見えるだけです。では、なぜ計算しかできないものが絵を描いたり、小説を書いたりすることまでできるのか？

それは、膨大なデータを計算によって処理しているので、この場合はどっちが多いか、つまりどれにすべきかという選択を的確にできるからです。そして、そのベストな組み合わせをしているだけのことです。そうなるとお手本が必要だったり、何よりビッグデータのような膨大なデータベースが必要になったりします。

この後者の部分は重要です。つまり、データがなければ、ＡＩにはお手上げだということです。人間の行ないには、マニアックなものも多いですから、何もかもデータがあるわけではありません。将棋や囲碁のように決まった動きばかりではないのです。そうすると、たとえば新しい出来事についてはまだデータが少ないので、ＡＩには太刀《たち》打ちできないことになります。

私たちは、AIのなかにあたかも魔法のような頭脳が入っているように勘違いしがちですが、あれはたかだか計算機なのです。計算以外のことはすべてできないわけですから、急に優越感を覚えてきませんか？

③経験がない

これは哲学の意義についてお話しする際に詳述しますが、AIには経験がありません。人生がないと言ってもいいでしょう。人間は生まれてから死ぬまで、経験を繰《く》り返します。そして、それを「人生」と呼びます。

5歳の時にこんなことがあった、高校生の時にこんな経験をしたなど、誰もが持っている固有の経験。実は、これが思考に大きな影響を与えています。人はその固有の経験を、あたかもデータベースのようにして思考を行なっています。ですから、固有の思考が可能になるのです。

いや、AIにもさまざまな経験の記録をインプットさせたり、なんだったら全人類の経験をデータベースとして活用したりすることも可能だと反論する人がいるかもしれません。もちろん可能ですが、それは記憶や思い出とは異なります。

私たち人間の経験は、人生というストーリーのなかで構築されていくものであり、そこには文脈があります。これを「記憶」や「思い出」と呼んでいるわけです。単なる出来事のデータベースと、記憶や思い出が異なるのは、そこに文脈があるかどうかです。

具体的に何が違うかというと、関連させる事柄《ことがら》の組み合わせの部分です。つまり、人間が経験を引っ張り出してくる時、Aという事柄だけでなく、それに関連するBやCといったまったく異なる時期に起こったことを一緒にしてしまうのです。

それは、関連するキーワードから類似のものを機械的に引っ張ってくるAIとは違い、あくまで自分のなかで何らかの関連性があれば一緒にするという、きわめて主観的作用です。これこそ、事実という客観的なものばかりに目を向ける機械とは異なる点です。

④意志がない

意志とは何か？　それは、何かをやろう・何かをしたいと思う気持ちです。それが強くなると「熱い思い」と呼ばれたり、「情熱」と呼ばれたりします。「欲」と言ってもいいでしょう。そのような心のベクトルがＡＩには欠けているのです。

ＡＩは目的をインプットすれば、それを実現するために、つまり解《かい》を最適化するために邁進《まいしん》するでしょう（実際にはただひたすら計算を繰り返すだけなのですが）。ここからも明らかなように、最適な解を出すということと、人間があれをしたい・これをしたいと思ってあがくのとはまったく異なります。

話をわかりやすくするために、ＡＩも人間もある数学の問題を解きたいと思っているとしましょう。ＡＩはひたすら計算を繰り返し、最適解が出たら、計算をやめてしまいます。当たり前ですね。ミッションが完了したわけですから。しかし人間は、納得しなければ続けます。たとえ、それが客観的に最適だと言われても、自分がやりたければ愚《おろ》かにも続けてしまうのです。理想を求めて。

これが意志を持った人間と、そうでないＡＩとの最大の違いです。一見《いっけん》、この話は人間の愚かさを際立《きわだ》たせているようにも思えますが、けっしてそうではありません。なぜなら、続けることで、人間は別の新たなことを発見する可能性があるからです。もしかしたら、それはこの問題の向こう側にあるものかもしれないのです。

つまり、数学の問題を解きたいと思っていたけれども、何か納得がいかない。だから答えらしきものが出たあとも続けていた。すると、自分でも意識していなかった隠れた目的が浮かび上がってきた。そういうこともあるのではないでしょうか。

たとえば、本当はその問題の答えが欲しかったわけではなく、背後にある数字の謎を知りたかった、続けているうちにその隠れた動機に気づき、同時にそれが新発見につながったというようなケースです。ノーベル賞につながる発見などでも、このようなことをよく聞きます。

その究極が「生きる」ということなのだと思います。人間はなぜ生きているのか？　幸せになりたい、夢をかなえたいなど、それぞれ答えはあるでしょう。でも、その背後に生きたいという隠れた意志があるのです。それがないと生きられません。だから、人間は生きているのです。

⑤意味がわからない

人間が物事を認識したり、思考したり、コミュニケーションしたりする時、その対象がどういう意味を持っているか、必ず意味を把握しています。たとえば「あなたを愛しています」と言う時、「あなた」の意味、「愛する」の意味がわからない人はいないでしょう。

もちろん「愛する」は難しい概念ですから、完全にわかっているかと言われると、私も自信がありません。しかし少なくとも、私なりに理解して使っているつもりです。ところが、ＡＩはそうではありません。たとえ「愛しています」と言うことができても、その意味はさっぱりわかっていないのです。

愛するということが、対象のことを常に思い、その対象のことを考えると胸が張り裂けそうになることだと定義したとしても、まだわからないでしょう。これだと、大好物のステーキを愛するのと、恋人を愛することの違いがわかりませんから。

コンピューターは形式的な定義しか理解できません。それは物の意味とは異なります。物の意味とはもっと深いものです。それは人間の気持ちが入ることによって、さらに深くなっていきます。

ＡＩが意味ありげな文章を作ったとしましょう。でもそれは多くのお手本をベースにして、人間が意味を持って使っていそうな文章に近づけただけのことです。その文章に意味があるなどとは思っていません。

たとえば、人間が「明日は明日の風が吹く」と言う時、明日はどうなるかわからないから考えてもしかたないということを意味しています。ＡＩの場合、今日は風が吹いている、そして明日はまた別の風が吹くという意味にも解《かい》するのです。というか、明日のことは考えてもしかたないということと、明日は物理的に別の風が吹くことの区別ができないわけです。

⑥身体がない

ＡＩには身体がありません。ＡＩと言うと、映画の影響でしょうか、それを搭載したアンドロイドを想像しがちです。または、Pepperなど社会で運用が始まっているロボットを想像します。いずれにしても、ＡＩはただのコンピューターシステムです。むしろインターネットに近いと言う人もいます。

実際、汎用型のＡＩは、ネットワーク上のデータにアクセスして、答えを導《みちび》き出すものとされています。アマゾンのスピーカーAlexaのようなイメージです。

ではアンドロイド型のＡＩなら、人間と同じように身体を持つと言えるのでしょうか？答えはノーです。いくら手足があっても、それを「身体」と呼ぶことはできません。ただの形状、デザインにすぎません。コンピューターに足のような部品を取りつけただけです。ここで身体と言っているのは、脳から出た神経が張りめぐらされ、先端のどの部分にも同じように意識が行き渡っている実体のことです。

私たち人間の身体は、脳を含めすべてが等質《とうしつ》で、すべてが自分の一部です。しかし、ＡＩにしてみれば、いくら手足がついていても、それは指揮命令系統が扱う道具にすぎない。ですから、身体のことなど気にもしていないでしょう。いや、指揮命令系統も含め、自分というものに関心がないのです。

これに対して人間の場合、身体は時に精神よりも大事なものになります。その証拠に、もし誰かの身体と入れ替わったら、どっちが本当の自分かと尋《たず》ねると、身体を選ぶ人がいます。あるいは、もし身体がだめになって脳だけで生きていくとしたらどうかと尋ねると、それなら死んだほうがましだと言う人もいます。つまり、それだけ身体が重要だということです。

⑦本能がない

本能とは何か？　一般には、生物が生まれながらに持っている性質としてとらえられています。人間の場合、生まれながらにして受け継いだ性質を指します。確かに、人間は習ってもいないのに歩いたり、物を考えたりすることができます。「防衛本能」などと言われるように、自分の身を守るために取る行動はもともと備わっていたものです。

このように生まれ持っている性質と言われると、ＡＩはもうお手上げです。なぜなら、ＡＩは「生まれる」ことはできませんから。もちろん、あらかじめさまざまなデータをインプットしておくことはできます。しかし、それは本能ではありません。ただの情報です。その情報にもとづいて一定の行動を取ることがないと、本能にはならないのです。

なかでも、生存のための行動が典型でしょう。人間が本能なるものを持ち備えているのも、生き延びるためです。種《しゅ》を保存するために、生命体はそれに必要なだけの情報を引き継ぎます。だから、何も知らなくても、習っていなくても、最低限生き延びることができるのです。本能と言った時に、身を守るための防衛本能や、種を残すための性《せい》にまつわる行動が例として出てくるのはそのためです。

理性と本能はよく対比されますが、理性が考えることであるのに対して、本能は考えずとも作動する能力として認識されています。いちいち考えていては生き延びることができないからでしょう。教えてもらわないとだめなようなら、その機会を逃《のが》した個体は生き残れませんから。AIは、あくまで人間が情報をインプットしないと「生きていられない」機械なのです。

⑧感情がない

AIには感情がありません。これは弱点どころか、むしろ強みに感じる人もいるかもしれません。なぜなら、感情は人間の心を揺さぶり、時にまちがった方向に導くからです。しかし、けっして悪いことばかりではありません。

感情はうまく使えば、思考を強めてくれます。みなさんも経験がありませんか？　たとえば、試験や試合の前に誰か近しい人が亡《な》くなり、その悲しみをバネに、その人のためにも、より努力したというような経験が。ドラマなどでもよくある設定です。

これは人間なら誰しもあることです。感情がふだん以上の力を引き出してくれるのです。それは思考についても当てはまります。もちろん冷静さを奪うような感情はマイナスですが、熱意として働く感情はプラスなのです。

何より、感情があることで、私たちは人生を豊かなものにすることができます。涙を流したり、ドキドキしたり、ワクワクしたり、熱くなったり……。これらは、みな感情のなせる業《わざ》です。悲しい映画を観て泣く、いい音楽を聴いて感動するのは、理屈ではありません。

こうした出来事が、私たちの人生を豊かにしてくれているのです。もし映画を観ても何とも思えず、音楽を聴いても何も感じなかったとしたらどうでしょう。人生は無味乾燥で、とてもつまらないものになるのではないでしょうか。

残念ながら、AIの人生はそんな無味乾燥なものなのです。それは感情がないからです。涙が流れるのは弱い証拠です。でも、その弱さこそ人間の武器なのです。いいえ、喜《き》怒哀楽《どあいらく》のすべてがそうでしょう。うれしいからがんばる、怒りをエネルギーに変える、悲しみをバネにする、楽しいからもっとやる。それが感情を持った人間の計り知れない部分なのです。

⑨柔軟性がない

ＡＩには柔軟性がありません。これはすべてにおいてです。物事の判断も、思考のしかたも、結論の出し方も。何もかもがきっちりしすぎているのです。いや、きっちりとしかできないのです。幅を持たせると、もうどうしていいかわからなくなる。これが、いわゆる０か１かのコンピューターの悲しいサガです。

ＳＦ作品などでは、滑稽《こっけい》なシーンが出てきます。人間ならすぐにわかることがアンドロイドには理解できず、首をかしげるといったシーンが。その理由の大半は、彼らに柔軟性がないことに起因しています。

文章の理解もそうです。ある程度の柔軟性がないと、きちんと内容をつかめないことがあります。額面通り受け取ればいいものばかりではないのです。これも人間は得意とするところですが、それは柔軟な解釈のおかげです。

結論の出し方については、なおさらこの柔軟性が要求されてきます。たとえば、人間だったら「まあいいか」ですませることがあります。しかたないとあきらめたり、あえて突き詰めたりすることなく終わることができるのです。

ところが、ＡＩにはそんな柔軟性はありません。とことんやるのです。たとえその結果が破滅であるとしても。なぜなら、破滅などという発想がないからです。目的をインプットすれば、それを成し遂げるまでやり続ける。これがＡＩです。

⑩曖昧さがわからない

ＡＩには曖昧さがわかりません。曖昧であるとは、完全ではないということです。コンピューターは完全を目指します。曖昧な回答をするコンピューターなど聞いたこともありません。仮に表面上は曖昧に見える答えを出したとしても、その場合は計算ずくでその答えを出しているのです。

ところが、人間は本当に曖昧な答えを出すことができます。つまり、自分でもよくわかっていないということがあるのです。「あやふやですが」「記憶が定かではないですが」などと言うことがありますが、この場合、本当に頭のなかがもやっとしているわけです。それでも答えることはできます。「Aだったか、Bだったか」というように。

これは、人間が不完全だからなせることです。人間はコンピューターと違って、不完全な存在なのです。失敗もしますし、あきらめもします。その不完全さが曖昧さを生み出すのです。しかもそれが美徳になることすらある。

これは、芸術を想起してもらえばわかりやすいのではないでしょうか。何が描いてあるのかよくわからない絵画や、最後どうなったのかよくわからない小説がありますが、これらはあえてそうしてあるのです。あえて曖昧にすることで、余韻《よいん》を残すわけです。

以上、AIの弱点を10個挙げましたが、こうして見てみると、人間とはいかにすばらしい生きものであるかがわかります。とても繊細《せんさい》で、精巧《せいこう》にできている。そして謎に満ちています。

よく人間は宇宙と同じくらい謎に満ちていると言われますが、その通りです。たかだか100キロもない肉の塊《かたまり》が、あの広大な宇宙ほどの謎を秘めているなんて、そのこと自体がとても不思議でなりません。そう思いませんか？

仕事は楽になるか？

ＡＩによって仕事が楽になるかどうかは、悲観論と楽観論で大きく変わってきます。ただ、悲観論では基本的に楽になることはないので、ここでは楽観論を前提に考えます。

まず、ＡＩが機械的な事務仕事をこなしてくれる場合、これはどう考えても楽になります。コンピューターが導入されて単純な事務をしなくてよくなったわけですが、それがさらに進展すると思えばいいでしょう。

そのＡＩを搭載したロボットを使えば、肉体労働も減りますから、人間はスイッチを押すだけでよくなります。食器洗い機や乾燥機つき洗濯機、あるいはお掃除ロボットが家事労働から人間を解放したように、多くの人たちが、仕事から解放されることでしょう。

では、私たちは何をやるのか？

それは、創造的な仕事です。よりクリエイティブな仕事に従事することになるわけです。企画を立てたり、アイデアを出したり、デザインをしたりというように。

誤解されやすいのですが、複雑で高度な仕事が必ずしもクリエイティブとは言えません。たとえば医者や弁護士のように、複雑で高度だけれどもある程度決まったことを正確に行なうことが求められる仕事は、ＡＩのほうが得意です。それよりも、感性に委《ゆだ》ねられた曖昧な仕事のほうが、ＡＩにとっては難しいのです。これは人間にとっても難しいのですが、従来あまり重視されませんでした。本当は貴重で、これぞ人間のすばらしさを発揮できる分野であるにもかかわらず。

もちろん一部の芸術家や専門家は高く評価されてきましたが、そういう人たちは特別だと思われてきました。ですから、複雑で高度な仕事を正確にできる医者や弁護士などのほうが一般にはすごいとされてきたのです。しかし、そこが大きく変わってくるでしょう。

こうして人間は創造的な仕事だけに従事することになるのですが、それを楽ととらえるかどうかは意見が分かれるところです。

肉体的に楽だとしても、頭は使いますから、その意味ではけっして楽とは言えません。むしろ創造的なことを楽しめるかどうかにかかってくるでしょう。楽しいことは楽だと感じるものです。まるで遊びのように。個人的には楽になると思っています。

それでは、もしＡＩが創造的な仕事にまで従事するようになったらどうでしょう？

実は、すでにＡＩは絵も描くし、小説も書いています。まだ模倣《もほう》のレベルですが、そこからオリジナルな絵を描いているのです。２０１６年、レンブラントの絵に関する情報をＡＩにインプットし、それを応用してレンブラントの新作を描いたというニュースが話題になりました。小説も、すでに賞に応募できるレベルにまでなっています。

これについては、はたして真の創造性と言えるのかという議論があります。あくまでコンピューターの計算の結果にすぎないのではないかと。すなわち既存の情報を集め、それを新たに組み合わせただけだと。ただ、もともと創造性とはそういうものでもあります。人間も既存の情報を新たに組み合わせることで、創造を行なっているのですから。

だとしても、私は人間の創造性のほうがすごいと思っています。なぜなら、そこには全人格や常識のようなものが作用するからです。創造とはまさに、そういう行為にほかなりません。

少なくとも、創造的な仕事を全部ＡＩに奪われることはないでしょう。ＡＩはライバルにすぎないのです。今後は人工的に創《つく》ったものが好きか、人間が創ったものが好きかという好みの違いになるでしょう。現在でも、モノづくりの世界にはこの違いが存在しています。

この場合、仕事が楽になるかどうかという点では、ＡＩが創造的な仕事もできるようになれば、有能なアシスタントとして活用できますから、やはり楽になるでしょう。ＡＩにこだわりがあって、意見がぶつかるようになると困りますが。でも、それは人間の弟子との間でもあることですから、しかたありません。ＡＩはクビにしやすいぶんだけ、いいかもしれません。

仕事の二極化

ＡＩ時代の仕事について、もうすこし現実的に考えてみましょう。これはすでに起こっていることですが、ＡＩのおかげと言うべきか、ＡＩのせいと言うべきか、明らかに仕事の二極化が生じているように思います。

それは、「頭を使う仕事」と「頭を使わない仕事」です。ＡＩの登場によって、それを開発したり、メンテナンスしたりする仕事が出てきます。これはかなり高度な仕事ですから、頭を使う仕事と言えます。ＡＩの研究者や高度なプログラミングができるレベルのＩＴ関係の仕事は、インフラにかかわる専門職として重宝《ちょうほう》されるでしょう。

また、ＡＩが単純業務を引き受けた場合、人間にはより高度で創造的な業務が求められます。そういう創造的な仕事も頭を使う仕事と言えるでしょう。たとえば、イベント企画や商品開発、デザインなど、人間ならではの創造性をうまく活用できれば、ＡＩに伍《ご》する仕事ができるはずです。

これに対して、ＡＩにまったく関係がなく、かつ創造性も求められないような仕事が、頭を使わない仕事ということになります。もちろん、どんな仕事でも頭をまったく使わないなどということはありえませんから、これは程度の問題です。肉体労働＝頭を使わない仕事などととらえているわけではないことをご理解ください。

商品開発やデザインでも、頭を使わずに似たようなものばかり作っているようだと、ＡＩに任せたほうがいいということになってしまいます。これは、ＡＩのメンテナンスも同様です。パターン化されたことはＡＩがいくらでもできるわけですから、当然ですね。

その意味では、よほどの例外的対応を除いて、マニュアル化された仕事は、すべて頭を使わない仕事ということになります。大学の教員だって、うかうかしていられません。毎年同じようなことをしているなら、ＡＩに教授になってもらったほうがいいと言われかねません。

まるで不安を煽《あお》るように聞こえるかもしれませんが、私が言いたいのは、AIという人間と同等か、それ以上の能力を持った存在の登場によって、仕事の環境が激変しているという事実です。この事実を一刻も早く直視する必要があります。

頭を使う仕事と使わない仕事、自分ははたしてどっちなのだろうかと考え、その変化に備えなければならないのです。

人材の二極化

AIの登場によって仕事が二極化するということは、人材の二極化を意味します。それは「AIを使う人」と「AIに従う人」です。極論をすれば、AIの主人となるか、AIの奴隷《どれい》となるか。

ドイツの哲学者ヘーゲル（1770〜1831年）の提起した「主人と奴隷の弁証法」という有名な概念があります。闘争に勝って主人になった者は、負けたほうを奴隷として使う。ところが、主人は奴隷の労働に依存せざるを得ないので逆転が生じ、奴隷が精神的に優位な立場に立つというものです。そこから両者の相互承認が生じるという議論もあります。

これをAIに置き換えるとどうなるか？

まず、人間とAIのいずれが主人になるかですが、ヘーゲルによると、生死を賭《か》けた闘争で、恐れず闘ったほうが主人になる。ということは、AIとの闘争をあきらめずに勝利すれば、人間が主人になります。この場合、人間はAIを使いますが、気づけばそのAIに依存している。AIではありませんが、現代のIT社会はまさにそうですね。人間はもうコンピューターやインターネットなしでは何もできなくなってしまっていますから。

逆に、AIが最初の闘争で勝利した場合、AIが主人で人間が奴隷になります。AIに意識が芽生《めば》え、人間を本当に物理的に奴隷にするという想定はまだ早いので、もうすこし現実的なものにしましょう。たとえば、AIのほうが賢くて常に正しいので、AIの言う通りに仕事をするという状況です。これはありえます。悔《くや》しいけれど、人間の思い通りにはなりません。会社がそれを許しませんから。

この時、ヘーゲルの概念ではどうなるか？　AIははたして人間に依存していると思うのか。また、本当にAIは人間に依存しているのかどうか。おそらく、そうはならない。なぜなら、AIはただ人間に情報を提供しているだけですから。したがって、人間はみじめな奴隷のままです。

ここからわかるのは、人間は結局みじめな状況になる運命にあるということです。人間はAIと競《きそ》ってもいいことはひとつもない。したがって、そうならないためには、AIを人材ととらえて競うのはやめたほうがいいでしょう。AIに使われる人になるのは論外として、AIを使う人になる場合でも、AIを単なる道具ととらえて、依存しない程度に使う。それが理想です。ITと同じ轍《てつ》を踏まないように。

求められる人材

では、これからの時代はいったいどんな人材が求められるのでしょうか？

ここまで論じてきたことからまちがいなく言えるのは、きちんと思考ができる人です。そして、そのために勉強し続けることができる人です。後者については意外に思われるかもしれません。でも、思考をするためには、インプットし続ける必要があります。

それは時代の変化に合わせて知識を入れるという意味もありますが、思考し続けるという意味でもあります。これまでは、一度大学を出れば、基本的にはもう勉強する必要はありませんでした。なぜなら、社会において求められる知《ち》がそれほど変化しなかったからです。

ところが、これからの時代は、そうはいきません。だから自己啓発のためのビジネス書が売れ、ビジネススクールをはじめとする社会人のリカレント教育が盛んに叫《さけ》ばれるのです。しかも人生100年時代ともなると、大学を出て、10年後に一度リカレント教育を受けて終わりではありません。リカレントとは繰り返しという意味ですが、文字通り何度も繰り返し、10年ごとに学び直しをする必要があるのです。

私自身、10年ごとに学び直しをしています。20代で大学の法学部を出ると商社に勤めました。その後、30代で市役所に転職。市役所に勤務しながら大学院に通い、哲学の博士号を取得しました。高専で哲学を教えていた40代にはアメリカの大学で1年間学び、帰国後に国立大学の職を得ました。そして2年後の50代には、また新たな学び直しを計画しています。

おもしろいのは、その都度違うことを学んでいる点です。そして学び直すごとに、結果的にステップアップしています。

これから求められるのは、勉強し続けることのできる人材です。だからといって、受験勉強のような詰め込みを生涯続けましょうという話ではありません。私がすすめるのは、「スロースタディ」です。ゆっくりと着実に学び、思考する。そう、勉強はあくまで思考のための前提なのです。

社会はこれまで、もっと速く、もっと速くとスピードを求めてきました。これはインターネットの速度がアップするのに比例しています。なぜ速くなければならないのか？　それは、誰よりも先に答えを手に入れるためです。グーグルで検索すると、何秒かかったか出てきます。たいてい1秒もかかっていないのですが。

見方を変えると、これは答えだけを求める詰め込み式勉強の結果だと言うこともできます。答えだけを求める習慣が、答えだけを求める社会を生み出した。必然的にそれは答えを導き出す速度を競う社会の到来を意味したのです。

そう考えると、ＡＩはその極致《きょくち》と言っていいのかもしれません。ＡＩは膨大な時間がかかることを、瞬時にやってのけます。そして答えを出してくれる。もはや人間は考える必要がない。そのぶん創造に時間が回せるのですが、これまで答えだけ求めてきた人たちが、急に創造できるはずがありません。

だからこそ、これからは答えを求めるのではなく、思考することを重視すべきなのです。創造に時間を回せるようになるために。

もし今から何を勉強しようか迷っている方がいれば、まずは哲学を学ぶことをおすすめします。というのも、哲学はすべての学問の母であり、最強の学問だからです。次章ではそのことについてお話しします。

第2章

哲学こそ、最強の学問である

古くて新しい学問

前章ではＡＩのすごさ、そして問題点について論じましたが、いよいよ本章では、それに対抗する力としての哲学についてお話しします。言わば、哲学による反撃です。

哲学は二千数百年の歴史を持っていますが、実は新しい学問でもあります。これにはふたつの意味があります。ひとつは、哲学もまた日々進化していること。もうひとつは、哲学が思考法として見直されつつあることです。

ひとつ目の哲学の進化についてですが、これぞ哲学のポテンシャルです。哲学とは何か？　一言で言えば、深く考えることにすぎません。コンピューターを用いないといけないような複雑な計算もなければ、希少な薬品を使って実験する必要もありません。頭さえあれば誰にでもできる学問です。

にもかかわらず、その学問が重宝され、最盛期を迎えた近代はもちろんのこと、現代においてもなお必要とされている。現にＡＩの登場により、哲学に大きな期待がかけられています。いったいなぜでしょうか？

それは、これまでも哲学はそうした期待に応《こた》えてきたからです。人類が未知の問題に直面するたびに、哲学は必ず答えを出してきました。たとえば、宗教が支配する世界において人間はどう生きればいいのか。王が支配する世界においてどのような社会が理想なのか。最近では、インターネット社会をどう生きるか。これらの難問に対して、哲学は常に明確な答えを出してきたのです。

だから、AIの登場という未曽有《みぞう》の問題に直面し、うろたえる人類が哲学に期待をかけるのも無理はありません。「はじめに」で断言した、最古の学問が最先端の技術に勝つとはそういう意味です。

誰でもできそうな学問なのに、すごい答えを出す。いや、誰でもできる学問だからこそ、すごい答えが出るのかもしれません。層が厚いのです。つまり、みなさんにもできるということです。AI時代をどう生きるか。哲学さえ身につければ、みなさん自身がその答えを自ら導き出すことができるのです。

次に、哲学が思考法として見直されていることについてご説明します。哲学を学ぶ者は、まず哲学史を学びます。誰が何を述べた・どのように考えたかを順番に追っていくのです。それによって、知《ち》がどう発展していったかがわかります。そのうえで、いずれかの哲学者を選び詳しく学んでいきます。ここでもまた、その哲学者が具体的に何を考えたのか、じっくり検証します。

まるで古典研究です。でも、これが哲学研究の実態でした。なかには例外的に、そうした巨人の肩の上に乗っかりつつも、その先を行こうとあがいた人たちもいますが、多くは文献学で終わっていました。

ところが、本来の哲学は違いました。最初に本格的に哲学を始めたとされる古代ギリシアのソクラテスは、文献学などしていません。彼はただ人々に問いかけ、共に考えただけです。言わば、知を愛し続けただけ。哲学（フィロソフィー）とは、知（ソフィア）を愛する（フィレイン）が語源なのです。ですから、哲学とはそもそもが思考法なのです。そこで私は、哲学を次のように定義しています。

物事の本質を批判的かつ根源的に考え、言葉で表現すること。

わかりやすく言えば、物事を徹底的に疑って考えることで、その正体を暴きましょうということです。そのための思考法こそが哲学なのです。

最近ようやく、哲学をそうした思考法として見直す動きが出てきました。実用書、ビジネス書としての哲学に注目が集まっているのが、その証《あかし》です。その意味で、古くから文献学のように存在してきた哲学が、ついには思考法として新たなベールを脱ごうとしているのです。

私がみなさんにマスターしていただきたいのは、この思考法としての哲学です。そのためには多少の哲学の知識も必要ですが、けっして古典研究をする必要はありません。極端なことを言えば、古典など読まなくても哲学思考をすることは可能です。

大学で哲学を教え、学会に所属して哲学を研究する者がこのようなことを言うのは憚《はばか》られますが、あえて断言します。誰かが「王様は裸《はだか》だ」と言わなければ、世の中は変わりませんから。

哲学を思考法として使う

さきほど、哲学とは物事の本質を批判的かつ根源的に考え、言葉で表現することであると述べました。そして、それを単純化して物事を徹底的に疑って考えることで、その正体を暴くことであると説明しました。このことについて、もうすこし詳しくお話しします。

これは、かつて拙著『7日間で突然頭がよくなる本』で披露した哲学の方法ですが、そのプロセスは、①疑う ②再構成する ③言語化する の三段階に分けることができます。哲学とは、この三つの段階を頭のなかで踏むことにほかなりません。それによって、物事の本質を探究することができるのです。

ちなみに、梶谷真司《かじたにしんじ》東京大学大学院教授の『考えるとはどういうことか』によれば、哲学とは考えることであり、それは「問い、考え、語ること」であるとされています。これは、かねてより私が唱《とな》えてきた「疑う」「再構成する」「言語化する」とまったく同じ定義です。

では、なぜこの三段階になるのか？

まず、哲学によって物事の本質、つまり一番大事なことや本当のことを知るためには、思い込みを疑う必要があります。ふだん私たちは、固定観念や偏見、常識といったものに毒されています。常識でさえ、必ずしも正しいとは限らないので、本当のことを知るためには、疑ってかかる必要があるのです。

また、疑ったあとに自分の思い込みが揺らぐと、いったい何が正しいのかを探るため、情報収集が必要になります。崩《くず》れた対象を再構成する必要があるわけです。そして情報をできるだけ集め、それをグループに分けて、整理していきます。

最後に、その再構成されたものを言語化しなければなりません。つまり、言葉できちんと表現するということです。哲学は、言葉で表現するところに特徴があります。もっと言うと、思考は言葉によってはじめて可能になります。言葉になっていないもの、心のなかにある漠然としたイメージは、まだ思考とは言えないのです。

疑う・再構成する・言語化する

この三段階をさらに詳しく見ていきましょう。

各過程で、さらにふたつずつのことを行なう必要があります。疑う際には、否定して違った視点で見る。再構成する際には、関連する情報を集めてグループに分ける。言語化する際には、言葉にして最後にかっこいい表現にすることです。これをまとめると、次のようになります。

①疑う
・否定する
・違った視点で見る
②再構成する
・関連する情報を集める
・グループに分ける
③言語化する
・言葉にする
・かっこいい表現にする

例を挙げて説明しましょう。たとえば、「食べる」とはどういうことかを哲学してみます。一般に私たちは、食べるとは生命維持のために食物を体内に摂取することだと思っています。これが常識です。でも、本当にそうなのでしょうか？

ここで「①疑う」の否定をします。あえて反対に考えるのです。生命維持のために食物を体内に摂取することではないというように。そして、違った視点で見ます。生命維持ではなくて儀式ではないか、食物が勝手に入って来るのではないか、人間と一体化しているのではないか、というように。

次に「②再構成する」。ここで関連情報を集めます。確かに食べるとは、生命維持だけではなく、宗教的儀式やコミュニケーションでもある。また、あらゆる生命体が行なっており、食物連鎖の一部でもある。これらの情報をグループに分けます。すると、生命維持だけでなく、共同体の維持のために行なう行為であること、自然の循環の一部であることがわかります。

これを「③言語化する」のです。きちんと言葉にするわけです。つまり、食べることは、共同体を維持するために、人間が自然と一体化する行為である。最後にかっこいい表現にします。「食べる」とは、「共同体のための自然との一体化である」。

なぜ最後にかっこいい表現にしなければならないかというと、そのほうが物事の本質っぽいからです。けっして冗談ではありません。つまり、物事の本質というものは、いつでもどこでもどんな場合にでも当てはまらなければなりません。普遍的でないといけないわけです。そのためには、抽象的な言葉で表現しておく必要があるのです。具体的だと、その具体的なケースにしか当てはまらないからです。

こうして「食べる」とは、「共同体のための自然との一体化である」と本質をとらえることに成功しました。もちろん違うと思う人もいるでしょう。それでいいのです。哲学とは、自分の思考の成果であり、自分が考えた結果にすぎません。考えは人それぞれでいいのです。だからこそ価値があるのです。借りものではない、固有の考えだからです。

そのうえで、人と同じ考えを持ちたければ、おたがいの考えをぶつけ合って、話し合えばいいのです。こうして、共通の認識やルールができていきます。しかし、最初はそれぞれの人間が、自分の考えをきちんと持たなければならない。それが考える能力を与えられた人間にとっての宿命なのです。

「考える」訓練

前述したように、哲学とは基本的には「考える」ことです。したがって、自分で考えるということを当たり前のことにしてもらう必要があります。

みなさんは、「考えること」について、どんな印象を持ちますか？　しんどい、面倒《めんどう》、難しい……。これらは、学生たちからよく聞こえてくる意見です。哲学は考えることだと言うと、そのように反応するのです。

かく言う私も、そう思っていました。若い時は特にそうでした。考えるのは時間ばかり取られるうえに疲れるので、いかに考えなくていいかを模索していました。同じように誰もがそう思ったから、グーグルのような検索エンジンが隆盛になり、「ググる」のが当たり前になっていったのでしょう。

検索エンジン、いやインターネットがなかった頃は、まず考えるしかありませんでした。でも、本当に考えていたのでしょうか。当時は当時で、本で読んだことやテレビで誰かが言っていたことを聞きかじって、あたかも自分の考えであるかのようにアウトプットしていたのではないでしょうか。私自身がそうだったのですが。

そんな私の意識が変わったのは、哲学を始めてからです。考えることを面倒なことだと思わずに、楽しめるようになったのです。あたかもゲームを楽しむかのごとく。哲学を学ぶ前は、考えることは自然にできることだと思っていました。人間なのだから当たり前だと。しかし、そうではないのです。

話すという行為を見てみましょう。私たちは言葉を話せない幼児から、いつしか自然に話せるようになります。もちろん、親や教師から学んでいます。ところが学校で習ったにもかかわらず、就職活動の面接や、入社後のプレゼンテーションがうまくできない。そこで、特別な訓練を積むのです。講座などを受けて。

考えることも同じです。話すことよりもさらに自然にできることだと思いがちですが、まったくの誤解です。本当は考えるということは、とても高度なスキルを要するものなのです。

その極致が哲学です。哲学とは徹底的に考えることですから、もっとも高度なスキルが求められると言っていい。とはいえ、段階があります。高度なスキルをすべて完璧にマスターしないと考えられないかというと、そんなことはありません（より高度なスキルを身につければ、より高度な思考ができるのはまちがいありませんが）。

私の場合、哲学を学ぶにつれて、考えることのおもしろさがどんどんわかってきました。これは何でもそうですが、スキルを身につけてそれが使えるようになると楽しいものです。これまでできなかったことができるようになるのですから。

今では、考えることが大好きになっています。そしてその能力を存分に発揮して、さまざまな活動をしています。

不完全さを武器にする

ここまで哲学を礼賛《らいさん》してきましたが、所詮《しょせん》は人間が行なう営みです。どんなにすごくても、コンピューターのような正確さや厳密さはありません。言わば、不完全です。だから、ＡＩにはかなわないと言う人もいます。

逆に、コンピューターであるＡＩには不完全さは出せません。不完全さを出すとは妙な表現ですね。普通は不完全であることは、意図的に行なうことではないからです。ところが、もし不完全であることが利点となり、武器となるのなら、それはもう意図的なものとなります。

そう、人間の行動はすべてが不完全さの実践なのです。哲学も含めて。あえて、不完全なことをしていると言ってもいい。私たちは、完璧なものがいいと考えてしまいがちです。しかし、それは二重の意味でまちがっています。

まず、そもそも完全なものなど存在しないということです。試《ため》しに、完全なもの、完璧なものの例を挙げてみてください。夏目漱石《なつめそうせき》の小説でしょうか？　ピカソの絵でしょうか？　それともマイクロソフトのＯＳ（基本ソフト）？　いやキリスト教？　いずれもすごいものばかりです。多くの人が支持しており、それぞれの分野で最高峰とされています。

でも、これらが完璧でないことは、すぐおわかりかと思います。むしろ不完全だとさえ言えるのではないでしょうか。批判もされていますし、アンチもいます。だからこそ人気があるのです。マイクロソフトのＯＳも頻繁《ひんぱん》に更新されています。よりよくなるために。

そして何より、完全であることは、仮にそれが存在するとしても、非常に不安定であるということです。完全であるということは、余裕がないということでもあります。たとえるなら、純粋すぎて外部からすこしでもウイルスが侵入すると、あっという間《ま》にやられてしまうようなものです。反対に不完全なものは、そうしたウイルスさえ取り込んで耐性菌にしてしまう余地があるのです。人間がまさにそうです。

だから、不完全さが武器になるのです。こうでなければいけないという完全さは、人間の完璧主義を想起してもらえばわかるように、柔軟さのなさの裏返しです。それがどれだけもろいかは、周囲の完璧主義者を見ればわかるでしょう。不完全であることは、柔軟さなのです。伸《の》びしろと言ってもいいでしょう。

その伸びしろの幅の部分をいかに活用できるかです。この幅は「人間の幅」でもあります。そこには思考の幅も含まれます。したがって、不完全なほうがより柔軟に思考できるわけです。

ドキュメンタリー番組のプロデューサーで、AIに関する取材を重ねてきたジェイムズ・バラットは、著書『人工知能――人類最悪にして最後の発明』のなかで、「クリップ・マキシマイザー」という思考実験について触れています。いわく、AIはもしクリップを作ることが目的となれば、たとえ人類や地球を滅ぼしてでもクリップを大量に作ろうとする。

AIに悪意があるわけではありません。ただ合理的に目的を達しようと考えているだけです。しかし、人間から見れば、狂気の沙汰《さた》です。言い換えれば、この場合、AIはただの頑固者《がんこもの》になり下がっているのです。柔軟さがまったくない。滑稽《こっけい》ですらあります。

いかがでしょうか？　不完全さがいかに大切かわかっていただけたと思います。詩人の相田《あいだ》みつをさんの言葉「人間だもの」が改めて心に響《ひび》きます。

経験値を上げる

深い思考を行なうためには、やはりベースになる経験が不可欠です。幼児よりも大人のほうが深く思考ができるのは、そのためです。イギリス経験論の完成者とされる哲学者ジョン・ロック（１６３２〜１７０４年）は、経験の重要性について「タブラ・ラサ」という概念を用いて説明しました。

タブラ・ラサとは、心のなかの白紙とも言うべき存在であり、人間は物事を経験するたびにそこに観念を書き込んでいくと唱えたのです。これが、彼の言う「経験主義」です。もともと生まれ持った観念が存在するという「合理論」という立場もありますが、経験主義が的《まと》を射《い》ていることは、みなさんの経験からも明らかなのではないでしょうか。誰しも経験によって強く賢くなっていくわけですから。

そこで哲学をするためにも、つまりＡＩに負けない思考ができるようになるためにも、経験値を上げる必要があります。ＡＩは瞬時にあらゆるデータベースにアクセスし、あらゆる情報を集めてきますから、経験は不要です。ところが、人間は経験がないと情報を得ることができません。本で情報を得るにしても、それは読書経験という経験です。

これではＡＩにはかなわないように思えますが、そうではありません。ＡＩの場合、必要な情報しか得ようとしません。関連する情報も参照するでしょうが、それはキーワードが関係しているなど、非常に形式的な関連性です。

これに対して、人間の場合、たとえば山にクワガタを捕《と》りに行った際、さまざまなものに目を向けます。山の景色、野に咲く花、自然の匂《にお》い、道端《みちばた》で出会う農家の人、途中で食べたおにぎり、その山道を歩く疲れ……。あらゆるものが、クワガタを捕りに行った際の経験になっているのです。

これらは、ＡＩがたとえ地球の裏側にあるサーバーに情報を取りに行っても得られるものではありません。彼らはどこに行こうと、形式的に目的に関連する情報しか引っ張ってきませんから。ここに人間の経験の特徴・強みがあると言っていいでしょう。

さらに、人間の経験にはバイアスがかかります。感情を持った人間という存在は、経験した事実をそのまま受け取ることはできないのです。ましてや時間が経《た》てば、それは意味を変えてしまうものなのです。

山にクワガタを捕りに行った経験は、人によって意味が異なります。同じ場所に同じ時に行っても、そこにはじめて行った少年と、何度も通っているクワガタ捕り名人の大人では、まったく違う経験をしていることになるのです。なぜなら、経験とは主観的なものだからです。

それは、彼らに感想を聞けばすぐにわかります。何がよかったか、何が悪かったか、何を得たか、というように。この主観がバイアスをかけるわけです。これはいいか悪いかではありません。AIとの違いです。そして時間が経てば、同じ人でも経験の意味を変えてしまいます。人間は、記憶をそのまま維持できる生きものではないからです。

そもそも記憶は、それを思い出すごとに頭のなかで再生産されているもの。したがって、ひとつの経験は刻一刻《こくいっこく》、意味を変えていると言ってもいいでしょう。AIにはそのようなことはありえません。同じ事実についての情報を、1年前のものと10年前のものと2

種類集めることは可能でしょうが、それらを混ぜてひとつにしてしまうことはできないのです。

このように、人間にとっての経験はＡＩが取得してくる情報とはまったく質《しつ》が異なり、人間はこの経験をデータベースにして、思考を行ないます。時に、それをあたかも事実であるかのごとくとらえて、創造を行なう。だから、人間の思考はユニークなのです。そして、そんなデータベースとなる経験が多ければ多いほど、強烈であれば強烈なほど、思考のユニークさも増していきます。哲学するために経験値を上げる必要があるのはそうした理由からです。

思考力で武装する

結局、ＡＩがどれだけ進化しようと、人間は思考力で勝負するしかありません。ＡＩが賢いからといって、人間は体力で勝負というわけにはいかないでしょう。体力だってロボットには負けますから。感情は負けないかもしれませんが、感情で何ができるかです。感情と思考は簡単に切り離せるものではないので、感情を生かした形での思考力を武器にすべきでしょう。

「はじめに」でも触れましたが、パスカルが言うように、人間は考える葦です。その栄誉は、AIの登場によって簡単に捨てるべきではありません。これまでも、そしてこれからもずっと考える葦でいけばいいのです。

葦は、風が吹けばポキリと折れるようなとても弱い植物です。人間もまたそんな弱い存在なのです。ちょっとしたことですぐにへこみますし、何より生身《なまみ》です。自然にも勝てません。ところが、考えるという点においてはとてつもなく強い。これが、パスカルの言いたかったことです。

この理屈は、AI時代には大きな意味を持ってきます。なぜなら、AIと比較して人間は弱く、感情を持った人間は機械とは違ってセンシティブです。逆に、そこをうまく生かせばいいのです。

一言で言うと、人間は弱さを武器にできる生きものだということです。弱さで武装するとは矛盾《むじゅん》しているようですが、そうとも言えません。前述のパスカルはまた「幾何学《きかがく》の精神と繊細の精神が必要だ」と言っていますが、これは合理的思考と感情のふたつがあってはじめて強靭《きょうじん》な思考と言えるということです。少なくとも、私はそのように理解しています。

だから、弱さと強さが両方あってはじめて、思考力は武器になる。特に人間のことや人間社会のことを考える時に、弱さのわからない人には本当に正しい答えは導き出せません。これはＡＩにも当てはまることです。ＡＩが真の弱さを理解しない限り、ＡＩが人間の求めるものを提供するのは不可能でしょう。効率のいい投資のしかたや、ベストな健康法を教えてはくれても、はたして本当に幸せになるための生き方を教えられるかどうかということです。

創造力を鍛える

レベルはどうであれ、創造活動はもはや人間だけのものではなくなってきていることはすでに触れました。ＡＩも創造的活動ができますし、人間のライバルになります。それでも、人間が創造的営みにおいて優位性を持っているのはまちがいありません。人間の全人格と常識を生かした、また不完全さを生かした創造活動は、ＡＩには真似のできない独自のものだからです。

そこで、その創造力を限界まで高めれば、よりＡＩ時代に対応することができるでしょう。具体的なノウハウはあとで述べますが、まずは基本的なことだけお話ししておきたいと思います。まず、創造力は伸ばせるのかどうか。

創造力は生まれ持った才能であると思っている人がいます。あるいはセンスと表現する人もいます。だから、創造力なんて伸ばすことができないと。

これはおそらく、創造性についての誤解に起因しているものと思われます。というのも、創造性は直観とは異なるものなのです。直観はある程度生まれ持ったものに左右されるでしょうが、創造性とは組み合わせることにほかなりません。ですから、これもまたスキルなのです。

問題は、何と何をどう組み合わせるかです。それにはセンスがいると言われそうですが、それは生まれ持ったものである必要はない。訓練すれば、誰でもピカソです。ピカソでさえ、多くの訓練を積んでピカソになったのです。

まずは、この創造性についての認識を改めてもらいたいと思います。そのうえで、これをどう鍛《きた》えるか考えましょう。

それは、人間であることをフルに生かすということです。やや大きなことを言ってしまいましたが、人間であるということはつまり、自分の持っているもの、自分の人生すべてということです。

人間は生まれてきて、やがて死にます。そして生まれてきた時にある程度の能力を潜在的に持っています。それを、人生のなかで経験によって伸ばしていくのです。その自分の持てるものすべてをフルに発揮する。これが創造性を鍛えるということにほかなりません。言わば、ポテンシャルを最大限に開花させることです。芸術を例に取るとわかりやすいかもしれません。

時々、子どもがすばらしい絵を描くことがありますね。誰もがその絵に魅了されるような。なぜ、その絵に魅了されるかというと、技術的にすばらしいわけではなく、その子どもが持っているすべてを出し切った跡がうかがえるからです。激しい色使い、力強いタッチ、心がそのまま表われたような見たこともない形……。そうしたポテンシャルの開花が、人々の心を打つのです。

京都学派を創設した日本の哲学者・西田幾多郎《にしだきたろう》（1870〜1945年）は、善《ぜん》とはその人の持っているものが全面的に開花した状態であると述べました。その状態こそが善《よ》いものなのだと。子どもの絵も同じです。ポテンシャルが開花しているから善い作品になったのです。

もうおわかりでしょう。創造力を限界まで伸ばすということは、自分のポテンシャルを限界まで出し切ることです。そのための訓練こそが求められるのです。AIに負けないために。

それは、哲学と大いに関係があります。なぜなら、フランスの哲学者ドゥルーズ（1925〜1995年）が言ったように、哲学とは概念の創造にほかならないからです。思考をすることで創造をする。実は、それが哲学なのです。

人間の最大の武器

AIに哲学ができるか？　ここで改めて、この問題について考えてみたいと思います。なぜなら、哲学こそ、AIが人間並《な》みの思考力を持つか否《いな》かの試金石《しきんせき》になるからです。

哲学は人間にとって最強の思考であり、人間を人間たらしめている知《ち》と言ってもいい。その理由を一言で言えば、そもそも哲学とは人間の全人格的営みだからです。これは、長年哲学をしてきた私の経験からも言えることです。

哲学をしてきた経験とは、けっして哲学研究の経験のことではありません。哲学実践の経験です。とりわけ、「哲学カフェ」の経験が大きく影響しています。哲学カフェとは、市民が街の集会所やカフェなどに集まり、その日のテーマを決めて、対象となる事柄の本質についてみんなでじっくり考え、言語化していくものです。

まさに哲学をする場、つまり哲学の実践の場です。研究以外の実践する哲学のことを、哲学プラクティスと言いますが（そういう名称の学会もあります）、哲学カフェ以外にも、小中学校での哲学教育や哲学カウンセリングなども含まれます。

私はこうした活動を長年続けています。そこでは頭をフル回転させるのはもちろんのこと、全経験を総動員させる必要があります。何しろ思考のライブみたいなものですから。私の場合、ファシリテーター（進行役）を務めているのでなおさらなのですが、一般参加者もまた全身を使い、全経験を絞《しぼ》り出すようにして思考をしています。

それは、哲学という営みがそこまでのコミットメントを求めるものだからです。たとえば、「食べるとはどういうことか?」というテーマで哲学カフェをした時のこと。手を口に持っていったり、口をもぐもぐさせてみたりする人がいました。これは言いたいことを引き出すために、全身であがいている証拠です。食べるということに関連する動作が、自然と表《おもて》に出てくるのです。

木や石のようにじっとしていても、脳は動きません。それは人間が身体を持った生きものので、頭(脳)と身体がつながっているからでしょう。ジェスチャーは脳の叫びなのです。逆に、ジェスチャーが脳を刺激することもあります。

また、私が問いを投げかけるごとに、誰もが自分の経験を一気にザッピングして、それを元に、思考を組み立てている様子がうかがえました。「生命維持以外に何かを食べる時とは?」という質問に対しては、全員が何かを思い出すようなそぶりをしたあと、さまざまな経験を語ってくれました。

古代ギリシアの時代から、人間はこうして哲学をしてきたのです。このような全人格的思考を「哲学」と呼んだのです。全身を使って、全経験を総動員して。

ＡＩには10個の弱点（①常識がわからない ②計算しかできない ③経験がない ④意志がない ⑤意味がわからない ⑥身体がない ⑦本能がない ⑧感情がない ⑨柔軟性がない ⑩曖昧さがわからない）があることを指摘しました。この弱点はすべて人間にできることです。言わば人間はＡＩの弱点をすべて使って哲学しているのです。

これらの弱点は、哲学するうえで不可欠の要素と言っても過言ではありません。現に私たちは何かひとつ簡単な質問を受けただけでも、常識に照らし合わせたり、自分ならどうしたいか考えたり、過去の経験に結びつけたり、それによって喜怒哀楽を感じたり、さまざまな想像をしたりするものです。

しかも、これらを同時に、かつ瞬時に行ないます。それが計算という名の機械の思考とはまったく異なる、人間の「思考」なのです。だとするならば、ＡＩは人間のように哲学することはできません。

では、ＡＩなりに哲学できるか？

もちろん、ＡＩは高度な思考ができます。でも、それは哲学とは呼べません。なぜなら、哲学とはもともと人間に備わった能力をフルに生かして行なう営みとして定義され、構築されてきたものだからです。単なる記号の論理操作とは異なります。仮に、表面上似たようなことをしたとしても、それは哲学ではありません。

「中国語の部屋」という思考実験があります。中国語をまったくわからない人を部屋に入れ、小さな窓から中国語で質問の書かれた紙を入れます。部屋のなかにいる人には1冊のマニュアルだけ渡しておき、それに従って、答えを書いてもらいます。マニュアルにはこの文字に対しては、こう答えるということしか書かれていません。ですから、中国語を理解せずとも、まるで記号を操作するゲームのように回答が可能です。しかし、回答を見た外の人たちは、あたかも中国語を理解する人がなかにいるようにしか思えない。

これは、アナロジー（類推）です。コンピューターは意味を理解していなくても、表面的にはいくらでも回答可能です。しかし、その回答を生み出すために行なわれた営みを「哲学」と呼ぶことはできません。それはあくまで「哲学もどき」にすぎません。

ＡＩには「哲学」はできない。そして、ＡＩにはできない哲学こそ、人間の最大の武器になる。これが私の結論です。

次章では、哲学をするための具体的な方法論について述べていきます。

第3章

ＡＩに勝つ、最強の勉強法12

これまでとは異なる勉強法

哲学思考法を紹介する前に、本章では、哲学的なものの考え方ができるためにはどうすればいいか、最強の勉強法を紹介します。言わば、ＡＩに負けない地頭《じあたま》をつくる方法です。その際、具体的にどう行なえばいいのか、トレーニングの方法も示します。いずれも、私が実践・経験済みのものです。

キーワードは「考える」「役に立たない」「好き嫌い」の三つ。いずれも、従来求められてきた勉強に関する要素の対極にあるものばかりです。

勉強と言えば、「暗記する」「役に立つことだけをやる」「好き嫌いの問題ではない」といったキーワードが並んだと思います。これだけでも、もう勉強がしたくなくなりますが、結果を最重要視していたので、しかたなかったのでしょう。とにかく詰め込んで、試験に合格さえすればそれでオーケーという〝ファストスタディ〟だったわけです。

しかし、ファストフードではその時はお腹《なか》いっぱいになっても、栄養にはなりません。逆に、不健康になるかもしれない。だから、そんな勉強はだめなのです。本物の思考力が求められるＡＩ時代はなおさらです。

そこで私がおすすめするのは、ファストスタディに対抗するスロースタディです。スローにはゆっくりという意味だけでなく、思慮深さを示唆《しさ》するイメージがあります。ここでは、その両方を込めているわけですが、着実にゆっくり行なうと同時に、しっかりと考えていただきたいのです。

特に中高年は、もはや詰め込み式であわてて勉強する必要などありません。受験や昇進試験などを控えた若い頃は、知識の詰め込みも必要かもしれませんが、そんなことをしても、ＡＩには対抗できないのです。

むしろ、逆をいくべきです。このスピードの時代に、あえてスローでいく。じっくり考えるし、役に立たなくても学ぶし、好きなことだけをやる。この方法は楽なだけでなく、とにかく楽しい。そこがポイントです。仕事だけで精一杯《せいいっぱい》のなか、勉強するわけですから、楽しくなければ続きません。

では、具体的に見ていきましょう。

❶課題解決勉強法

さきほども述べたように、日本の学校教育における最大の問題は、暗記重視の詰め込み教育を行なってきたことです。それでは未知の21世紀を生き抜くことができないことに気づき、教育界もようやく変化しつつあります。

大学入試では2020年に、従来の「センター試験」から「大学入学共通テスト」に変わります。具体的には、思考力・判断力・表現力を重視する問題が出題されるようになります。「さらば暗記力、こんにちは思考力」というわけです。

これは、単なる入試制度改革ではなく、もっと大きな流れとしてとらえるべきです。われわれ大人たちも思考力が問われる時代になったのです。

では、思考力をアップするためにはどうするか？

それは、課題を解決することです。課題解決がそのまま思考力アップの勉強法になるのです。忙しいビジネスパーソンには朗報だと思いませんか？　仕事は、まさに課題解決の連続ですし、それがそのまま勉強になるのですから。

私は現在、課題解決を大学の授業にしています。課題解決はれっきとした勉強法で、今や少なからぬ大学・学部がＰＢＬを導入しています。ＰＢＬとは「課題解決型学習」を意味するProject Based Learning（Problem Based Learningの場合もあり）を略したものです。つまり、プロジェクトベースで課題を解決していく教育のことです。

ちなみに、小・中学校や高校でも授業に課題解決を取り入れており、小学校の「アクティブ・ラーニング（体験学習や議論など、能動的な学び）」が先だと言う人もいますが、それと課題解決はすこし違います。

どんな仕事もそうですが、課題があれば、それを一定の期間内に、関連する組織や人と連携しつつ、解決していきます。この課題解決のプロセスを通じて、学生たちの思考力を養《やしな》うことができると考えています。

目的がはっきりしているわけですから、そこに到達するために、あらゆる神経と能力を集中させ、答えを導き出します。時には、データを分析することもありますが、基本的には論理的に物事を考えることが必要とされます。そして何より創造性を発揮してアイデアを出すことが求められます。これが「課題解決勉強法」です。

この勉強法をものにするためのトレーニングとしては、どんな課題も思考力を鍛える勉強ととらえて取り組むことです。課題解決はみなさんが実際に取り組まれている仕事のプロセスそのものです。ですから、日常の仕事がそのままトレーニングになります。ただ意識を変えるだけです。そうすれば仕事と勉強を同時に行なうことができます。仕事の成果も出て、かつ思考力も鍛えられるのです。

筋肉と同じで、その部位を鍛えていることを意識しないと効果がありません。頭もそうです。漫然と仕事に取り組むのはもったいない。せっかくなら頭を鍛えているつもりで取り組んだほうがいいにきまっています。実際、多くの気づきがあるはずです。

❷娯楽でも知識でも教養でもない読書術

勉強の基本と言えば、やはり読書。人間は知識や経験を文字として残し、それを受け継ぐことで進化してきました。人間が地球の歴史からすればとてつもない短い期間で進化することができたのも、本のおかげだと言っていいでしょう。

いつの時代になっても、どれだけテクノロジーが進化しても、すべきことは同じです。電子書籍だとしても、やはり本を読むという行為には変わりありません。おそらく、これはずっと変わらないと思います。

読書の利点は、小学生ほどの知識があれば、著者である一流の学者と議論できるレベルにまでなれることです。スーパー小学生がニュースになったりしますが、そのレベルの知識を持っている子どもたちは少なくないように思うのです。実際、私の周りにもいます。

問題は、それをうまくアウトプットできないことです。これは大人にも言えることですが、本を読む人のほとんどが娯楽《ごらく》として楽しむか、知識を得るためか、教養を身につけることを目的にしています。これらは、いずれもインプットのための読書であって、アウトプットはあまり意識されていません。

そうすると、せっかく読んだものが外に出てきません。知識も教養も体のなかに吸収されてしまって、見えなくなってしまうのです。吸収と言うと聞こえはいいのですが、それは消えてしまうということでもあります。

確かに、ある人と話していて、ふとした瞬間に「この人は知識があるな」「教養人だな」と感じることはあります。ただ、それではもったいない。ＡＩに負けない思考をするためには、常に知識や教養が意識的に引き出せる状態にしておかなければなりません。昔読んだ記憶があるというだけでは、ないに等しいのです。

思考は、読書を含めた経験がベースになっていることがほとんどです。とするならば、いかに使える知識があるかが、思考の幅に影響を与えます。このような人のことを「引き出しが多い」と形容したりしますが、まさにさっと引き出せる武器が手元に準備してあることが理想です。そのためには、楽しむのでも、知識や教養のためでもない、新たな読書法が必要となります。

これが、「娯楽でも知識でも教養でもない読書術」です。「使うための読書」と言ってもいいでしょう。何に使うのか？　もちろん思考です。

具体的には、本を道具箱のようにとらえます。本は思考のためのアイデアが詰まった道具箱だと思えばいいのです。そうすれば、読み方が変わってきます。

まず、最初のページから順番に読むことはしません。必要な道具を探す時に、最初から見ていく人はあまりいません。欲しい道具を目指してざあっと漁《あさ》る感じになります。本も同じです。もちろん、この本にはどんな使えるアイテムがあるか、ひとつひとつ吟味《ぎんみ》するのもいいでしょう。ただ、その場合も道具を探すという視点を忘れないことです。

次に、本を加工します。いい考え方だなと思ったところに線を引く。さらに、なぜいいと思ったのか、どう使えるのかを簡単にメモする。1～2行で十分です。最後にそのページを折り曲げてください。ノートを作ってもいいですが、その最終目的地は頭なのですから、データベースを作ることを目的化してはいけません。

これだけやっておけば、忙しい時に簡単に復習ができます。いくらインプットしても、人間は忘れる動物です。その際、ページを折った箇所だけ見直すことで、記憶がよみがえります。メモしたところだけ見直すのでもいいでしょう。これを何度か行なえば、その部分は長期記憶として定着します。

この作業を日々繰り返すうちに、だんだん要領を得てきて、同じような思考法を発見した時に、自分がすでにそれを修得していることを確認することもできます。

❸「役に立たないもの」習得法

「娯楽でも知識でも教養でもない読書術」では、実践的に使える思考法を探すことを目的にしていました。同時に、頭の〝基礎体力〟を増強させることも大事です。それは、もうスポーツとまったく同じです。強い選手は、求められる技術の他に、強靭な基礎体力を持っているものです。

思考法のベースには、そうした基礎体力が求められます。ここでは一転、役に立たない知識が必要になってきます。それを「教養」と言うこともできるでしょう。経験も含めて、すぐに使うための知識ではないものすべてです。

人生には、どんな知識や経験が役立つかわかりません。意外なところで、意外な知識や経験が役に立つものです。その意味では、人生に無駄《むだ》はないというのは事実です。

『MASTERキートン』(浦沢直樹《うらさわなおき》著)というマンガをご存じでしょうか? 主人公は保険会社の調査員でありながら、考古学者でもあり、かつて軍の教官だったという経歴も持っています。そこで保険金がらみの調査、つまり事件を解決していくのですが、その際に考古学や軍人としての知識をフルに活用します。

主人公は考古学を勉強していた時や軍で働いていた時に、のちのち自分がそれらの知識・経験を活用するとは思わなかったでしょう。でも、それが大いに役立っている。しかも、意外な形で仕事と結びついて。

おもしろいことに、リベラルアーツつまり教養は、役に立たないからこそ普遍的な知《ち》として役に立つという逆説が成り立ちます。なぜなら、役に立つことだけを意識した知は、耐用年数が短いのです。「年」ならいいほうで、ＩＴの世界の知識など「耐用月数」と言ってもいいほど、1年間もたないことが多いようです。

そこまでではなくても、たいていのビジネスに求められる知識やスキルは、すぐに廃《すた》れてしまいます。ですから、それだけではどうしても人間が薄《うす》っぺらくなってしまうのです。

その対極にあるのが、哲学です。「哲学は役に立たない」と揶揄《やゆ》されることが多いからです。確かに、すぐ役に立つかと言われると、ほとんどは違います。でも、長い目で見ればすごく役に立つ。それは、思考の基礎のようなものだからです。基礎体力のように、じわじわと効《き》いてくるわけです。言わば、一生ものです。

人生の経験がそうであるように、すぐには役に立たなくても、必ずいつかは役に立つのが、「役に立たないもの」です。それなら、役に立たないわけではないと言われそうですが、本当に役に立たないものなどないので、このように表現するよりほかないのです。

では、「『役に立たないもの』習得法」はどのようなトレーニングをするのか？　それは、もうあらゆるものに興味を持ち、あらゆるものに目を通し、あらゆるものを記憶しておく習慣を身につけることです。

あらゆるものに興味を持つとは、好奇心旺盛な子どものようになるということです。見るもの、耳にしたものすべてに興味を持つ。もちろん、そのためには動機がなくてはならない。しかし、子どもの好奇心が「知りたい」という欲望に根差《ねざ》しているのと同じで、AIに勝つための勉強法として「役に立たないものを知りたい」という欲望があれば、十分です。

あらゆるものに目を通すとは、時間さえあれば手あたり次第、情報を入手することです。たとえば、新聞ならふだん読まないような記事に目を通す、お菓子を食べる時にパッケージの裏の説明を読む、電車で人々を観察する、などなど。

あらゆるものを記憶するとは、まさにドライブレコーダーのように見たもの聞いたものを頭のなかに残しておくことです。実際には不可能かもしれませんが、ふだんから意識しておくのとそうでないのとでは、記憶の量が異なります。

そんなことをするくらいなら、ビジネス書を読んでいたほうが役に立つと思うかもしれませんが、前述のように、その「役に立つ」の意味が問題なのです。役に立たないものが役に立つこともある。そう思って、実践してみてください。

❹質問・千本ノック

思考力を身につけるには、本質を探る「質問力」が求められます。そのための勉強法が「質問・千本ノック」です。ここで言う「質問力」とは、いい質問をする能力のこと。これを磨《みが》いておけば思考、特に哲学のように物事の本質を探究する思考に役立ちます。なぜなら、物事の本質を探るには、対象となっている物事を多面的に見る必要があるからです。

質問は、哲学にとってもっとも重要な要素です。疑問を持つ、疑うことが哲学の入口ですが、そのためには質問をしなければなりません。街角で若者たちに次々と質問を浴びせていったソクラテスが「哲学の父」と称されるようになったのは、このためです。

物事の本質を知りたいと思った時、ただぼけっと見ているだけでは何も見えてきません。そこで、質問をするわけです。

たとえば、「テクノロジーは便利です」という一般論があったとします。このテクノロジーという物事の本質を知るためには、「テクノロジーとは何ですか?」「本当にテクノロジーは便利ですか?」などと問う必要があります。

これだけではまだ足りません。もっと変な質問をたくさん浴びせる必要があります。なぜ変な質問かと言うと、それは意外な視点を提供するからです。つまり、変な質問＝いい質問となります。物事を多様な視点で検証することになるのですから。

さきほどの例なら、「テクノロジーって食べられるのですか?」「テクノロジーが便利ということはペットになりますか?」などと尋ねるのです。いかにも馬鹿げた質問に思われるかもしれません。現に、今私は何も深く考えず、ただ変な質問をしようとしただけです。

ところが、よくよく考えてみると、食べられるかどうかは人間にとって重要な要素です。有用性の判断基準のひとつと言ってもいい。ペットになるかどうかも同様です。ペットには役割があり、テクノロジーがそれを担えるかどうかは、未来の人間の生活を考えるうえで重要な課題となってきます。しかも、それはもう始まりつつあります。

このように「まず変な質問ありきで、あとから考える」というのがいいのです。あらかじめ答えを予測してしまうと、予定調和的な問いになりかねません。どんな質問でもいいので、どんどん浴びせかけることです。だから千本ノックなのですが、そうしてはじめて物事の真の姿が現われます。

このトレーニングは、最初は誰かと一緒に行なうのがいいでしょう。自分で自分に質問するのは、なかなかやりにくいからです。誰かに何か言ってもらい、それに対して変な質問をする。この時、相手には別に答えてもらう必要はありません。自分の質問をメモしておくと、自分の質問パターンがわかってきます。

慣れてくると、自分でお題を設定し、質問を繰り返すようにすればいいでしょう。最終的には、実践でトレーニングを積むのが一番です。つまり、実際に人に変な質問を投げかけるのです。この場合は、すこし練《ね》る必要がありますが、きっと平凡な質問より歓迎されることでしょう。そして、変な質問が客観的に見てもいい質問になっていれば、成長した証《あかし》です。

❺回答・千本ノック

質問力と対《つい》になるのが「回答力」です。これは、自分が変な質問をして、それに答えることではありません。物事の本質を直観で言い当てる訓練です。私は、これを「回答・千本ノック」と呼んでいます。

物事の本質を言い当てることができれば、それは思考力のある証拠です。哲学は、それこそを目的とした営みです。哲学では、その本質に辿《たど》り着くために長い時間をかけます。じっくりと考えることで、ようやく辿り着くのです。

それができるようになるには、脳に回路を作っておく必要があります。その回路は、日頃の訓練によってできあがります。もちろん、正攻法はたくさん哲学すること。じっくり考えることを繰り返していれば、そのうち回路ができてきます。

とはいえ、日々忙しいなか、哲学ばかりしているわけにはいかないでしょう。そこで、直観による回答訓練をするのです。お題を出してもらい即回答する。それをいくつも繰り返す。

たとえば「ハンバーグ」と聞けば、瞬時に考えて直観で「肉の悲劇」と答える。この時、脳内では、高速で思考が行なわれています。肉がミンチにされて丸められるイメージが、見方によっては悲劇だからです。もちろん、食べるほうにとってはうれしいことですが。これはじっくり考えると、おかしいようにも思えますが、そんなことはどうでもいいのです。ここで大事なのは、直観で答える姿勢です。

これを繰り返すことで、本質を探すための回路ができあがります。野球の千本ノックだって、試合中にあのようなコースにボールが来ることはほとんどないでしょう。でも、トレーニングではあれぐらい極端にやっておく。そうすることで、試合中、急にボールが飛んできた時に対応できるのです。

したがって、トレーニング法としては、暇《ひま》を見つけては、目に入ってきたものを片《かた》っ端《ぱし》からターゲットにする。つまり、直観で本質を言い当てるわけです。意外なものにトライすればするほど、脳に新しい回路ができます。

単語でもいいですし、文章でもいいですが、最初は単語がやりやすいでしょう。これも人を相手に行なうと、ちょっとしたゲームにもなり楽しくできます。

❻物語創作勉強法

物語の「物《もの》」とは魂《たましい》を意味するという説がありますが、私たちは物語を創作する時、あたかも魂に語らせるかのごとく、言葉を紡《つむ》ぎ出しています。だから人の心を打つのです。

人間は物語を創ることで、歴史上さまざまなことを表現してきました。神話もそのひとつです。神々の物語を創ることは、自分たちが生きるこの世界を説明する意味を持ちます。また私小説という分野がありますが、これは作者が直接経験したことを記述するものです。この場合も、自分の人生を整理し、説明するという動機があると思います。

神の物語であれ、自分の物語であれ、人間とは時にフィクションを交《まじ》えつつ物事の整合的説明に物語を用いようとする生きものなのです。なぜフィクションを交えるのか？

それは、この世の出来事は、何もかも論理的に説明できるものばかりではないからです。だから自分が納得いくように、物語を創るのです。ＡＩはそんな都合のいいことを許さないでしょう。しかし、人間はこのような都合のいいことをいとも簡単にやってのけます。これを勉強法として活用しようというわけです。つまり、フィクションを交えつつ、物語を創るように、知識をつなげ、考えるのです。

これが物語を創りながら、知識を覚えたり、考えたりする「物語創作勉強法」です。すでに出来上がった物語としてのストーリーに対して、自由に語ることを意味するナラティブという概念があります。物語創作勉強法とは、まさにナラティブの実践です。

現在のマーケティングでは、モノを単なる性能や価格で売るのではなく、モノが持っている価値を物語《ストーリー》で売る「ストーリーブランディング」が提唱されていますが、これは人間が物語に感情を揺さぶられることをよく示しています。

物語創作勉強法を身につけるには、実際に物語を創ってみること。しかし、ふだん創作をしたことがなく、ハードルが高いと感じたら、そのための準備作業、たとえば設定を詳細に考えることから始めましょう。主人公や時代背景などを具体的に考えるのです。

もっとも簡単なのは、自分の人生を物語にすることです。自分のことは取材しなくてもわかるでしょうから、取り掛かりやすいでしょう。

次に簡単なのは、身の回りにあるものを主人公にして、それがどんな人生を歩んでいるかを記述することです。たとえば、今食べようとしているこのバナナは、南の島の海岸沿いでたまたま漁師に拾われて、それから船に載《の》せられ……自分の目の前にある、など。

名探偵シャーロック・ホームズは落ちている手袋から、その持ち主の人生を語ることができたと言います。そう、創作には想像力が不可欠です。だからイメージをふくらませる訓練が必要なのです。

最後は、短編でもいいので小説を書いてみましょう。キャラクターの設定から始めて、物語を完結させるのです。一度できれば、それ以降は何でも物語の枠組《わくぐ》みにはめて位置づけたり、考えたりすることができるようになるでしょう。

❼ながら勉強法

「ながら勉強法」とは文字通り、何かをしながら勉強することです。あなたが中高生の頃、テレビを見たり、ラジオや音楽を聴いたりしながら試験勉強をしたことはありませんか？　勉強よりも、ついテレビ・ラジオに引っ張られてしまうなど、あまりいい印象はないかもしれません。ところが、大人の場合、一転これが望ましいことになるのです。

なぜなら、大人は忙しいからです。ただでさえ、すべきことがたくさんあります。そのなかで勉強をするのですから、同時進行するほかありません。

仕事でも「マルチタスク」という言葉があります。複数の仕事を同時にこなすことです。多くのビジネスパーソンがそれを日常的に行なっていますから、そんなに大変なことではないはずです。

たとえば、本を読みながら考える、本を読みながら物を書く、計算をしながら資料をまとめる、英語の講演を聴きながら中身と英語の両方を学ぶ、などなど組み合わせはいくらでもあります。

ここで大事なのは、単にリラックスのために音楽を聴きながら勉強をするのとは異なる点です。時間をセーブし、相乗効果をもたらすために、ながら勉強をするのです。したがって、その「ながら」が相乗効果をもたらすものかどうか、よく考える必要があります。複数同時に行なっているのに、いずれもパフォーマンスが落ちているようでは、意味がありません。

さきほどの例からもわかるように、多くの「ながら」は、厳密には同時ではありません。交互に行なっているのです。つまり、本を読んで考える時、これを別々に行なうと、前に読んだところは忘れてしまうなど効率が悪い。ですから、ある程度読んだら、思考をめぐらすということを繰り返すほうがいいでしょう。

そのほか、仕事と勉強を兼ねるとか、趣味と実用を兼ねるという「ながら」もアリです。たとえば、仕事で求められることをより深く知るために、背景の知識を勉強するなど。これなら業務時間中でも問題ありません。

趣味と実用も同じです。趣味でやっていることをすこし広げるだけで、それが勉強になったりします。囲碁や将棋から戦略論に広げたり、釣りから海洋学や環境問題に広げたりというように。

ながら勉強法を身につけるためには、まずは軽めのものから組み合わせることです。さきほどの本を読みながら考える、英語で講演を聴きながら中身と英語を同時に身につけるなど。こうして〝聖徳太子《しょうとくたいし》脳〟を作るのです。慣れてくれれば、YouTubeで講演を聴きながら本を読むという離れ業《わざ》も夢ではありません。

❽ソーシャルキャピタル勉強法

ソーシャルキャピタルは「社会関係資本」と訳されますが、私なりに嚙《か》み砕《くだ》けば、人が社会で持っている人脈のようなもの。たとえば、お金がなくて子どもを保育園に預けられなくても、親しい人が面倒を見てくれるなど。お金とは異なる資本です。

なぜ、これが勉強法に関係があるかというと、人脈を活用して効率的に勉強ができるからです。ちなみに、私の学生時代には、どれだけ人脈があるかで試験前に集められるノートの質が決まりました。同じように授業に出ていなかった学生でも、人脈があるとないのとで、成績に大きな差がついたわけです。これと同じ発想です。

時に、勉強は面倒な作業をともないます。その部分をソーシャルキャピタルで解消しようというわけです。たとえば、学ぶ対象が難しければ、グループで勉強をするのもいいでしょう。みんなで分担して調べるのです。詳しい人を呼んでもいいでしょう。

もともとソーシャルキャピタルは、地域社会などコミュニティの衰退から出てきたものです。とするならば、勉強が新たな紐帯《ちゅうたい》となって、コミュニティを活性化する効果も考えられます。仕事以外の仲間づくりにも役立ちます。

同じ目的を持つ者同士が集まって勉強をする。それだけでも楽しいことですし、おたがい刺激になります。AIにはこういう楽しみ方はできないでしょう。人とかかわることのできる人間だけの特権です。

「ソーシャルキャピタル勉強法」のためには、日頃から人と助け合う習慣を作っておくことです。人に頼むのが苦手な人がいますが、これもコミュニケーション能力のひとつです。コミュニケーション能力を高めれば、ソーシャルキャピタルは強化されます。

そしてコミュニケーション能力を高めるためには、自分から積極的に話しかけたり、質問をしたりしなければなりません。勉強仲間を作ると思って、ぜひ積極的になってください。

❾お金に物を言わせる勉強法

「お金に物を言わせる」という表現からして、いい印象を受けないでしょう。「ソーシャルキャピタル勉強法」より、さらにいやらしいと思われるかもしれません。しかし、利点は何でも活用すべきです。

個人差はあるでしょうが、一般的にビジネスパーソンは学生よりお金を持っていますし、使えるはずです。そこで、お金に物を言わせた方法を取るのです。たとえば、学生なら購入を躊躇《ちゅうちょ》するような高価な本を買えたり、通信教育や習い事に申し込めたりするはずです。もちろんお小遣《こづか》いが減ってしまいますが、そこは自分への投資です。

よく図書館で最新刊の予約待ちをしている人を見かけますが、これはもったいない。お金ではなく時間が。ビジネス関連の話題書だと10人、20人待ちになっていることが多いようですが、自分の番になる頃には、本に書かれている事例もすでに常識になっています。ならば、すぐに購入して自分のなかで知識化してしまうのです。そう、お金で時間を買うのです。

図書館にいちいち返しに行く手間も省《はぶ》けますし、自分のものですから「娯楽でも知識でも教養でもない読書術」でも述べたように、どんどん書き込めばいい。

世の中には、お金さえ出せば手に入るサービスが結構あります。語学なら個人レッスンを頼んでもいいでしょうし、それが無理ならスカイプなどを通じて有料で教えてくれる人もいます。これは独学よりも効率がいいし、何より楽しい。タブレットなどのツールもそうです。便利なものはどんどん買って、勉強に生かせばいいのです。

これは勉強する環境にも当てはまります。いいカフェに入ればコーヒー代は高くなるかもしれませんが、やる気が出ます。ハシゴすればさらにお金がかかりますが、やる気を維持することのほうが大事です。どんどん場所を変えればいいでしょう。

忙しいビジネスパーソンはふだんの仕事で疲れており、集中力も途切《とぎ》れがちです。やる気の維持はきわめて重要なのです。場所代ではなく、やる気代だと思って支出しましょう。時にはホテルで勉強してもいい。温泉でもついていれば、気分はもう文豪です。たまには気分転換に「お金に物を言わせる勉強法」をやってみてください。効果は抜群です。

⑩好きなものだけ＆飽きたらやめる勉強法

いよいよ、究極の勉強法についてお話しします。言わば、勉強法のラスボスです。それではいきましょう。

勉強の理想は、それを楽しむことだと思うのです。「好きこそ物の上手なれ」と言います。これは本当のことで、勉強に限らず、好きなものはいくらでもできます。そうすると、当然上達します。能力が高い人が義務で学んでも、その対象を本気で好きになった人にはかないません。

とはいえ、勉強全般を好きになるのは、そう簡単ではないでしょう。ある事柄を知りたいということはあっても、勉強というプロセスが好きな人はあまり聞いたことはありません。刀が好き、魚が好き、あるいは歴史が好き、など具体的な対象が存在します。

ならば、好きなことだけを勉強すれば、実質上、勉強そのものが好きになったのと同じ効果を生むことが可能なのです。つまり、その時やりたいと思ったことだけをやればいい。もちろん、いくら好きでも、その時の気分によっては、別のことがやりたくなることがあります。その場合は、無理にやる必要はありません。気が向いたものをすればいいのです。

これならば、ずっと継続することができます。よほど明確な目的、たとえば資格試験などの勉強ではない限り、何をやっても長い目で見ればプラスになっているはずです。資格試験の勉強でさえ、範囲は広いでしょうから、今日はこれとあらかじめ厳密に決めなくても、気が向いたところをやればいいのです。

一番大切なのは、いつまでも継続してできること。そのためには、楽しまなければなりません。嫌になったらおしまいです。これは、子どもが勉強嫌いになるのと同じ理屈です。私たち自身が子どもの頃そうだったのではないでしょうか。大人になってまで同じ轍《てつ》を踏んではいけません。

ですから、飽《あ》きたらすぐやめるべきです。まだ10分しか経っていないなどとがんばってはいけません。人間の気分というのはやっかいなものです。機械と違い、形式的に管理できるものではありません。そのことを大前提として押さえておく必要があるでしょう。

好きなものだけを勉強し、飽きたらやめる。そして、その時にやりたいことをやる。その繰り返しが、結果的に長時間の勉強を可能にし、人生に大きなプラスとなるのです。これが、「好きなものだけ&飽きたらやめる勉強法」です。

トレーニング方法はもう明らかでしょう。気が向くままにさまざまなことをやってみてください。そして飽きたら変える。その繰り返しでどこまで続けられるか、挑戦するのです。

疲れたら、休憩を入れてください。そうすれば、自分のリズムというものがわかってきます。以降は、そのリズムに合わせて、無理をしないように気の向くままにやるだけです。なんだか勉強が楽しく思えてきませんか？

⓫ご褒美勉強法

「ご褒美《ほうび》勉強法」とは文字通り、ご褒美をインセンティブ（動機づけとなる刺激）にして勉強することです。勉強法と言うより、モチベーションに関することです。さきほどラスボスと言ってしまったので、ここからはボーナストラックだと思ってください。

ご褒美だなんて何だか子どもみたいですが、大人も子どもも同じ人間です。人間にはニンジンをぶら下げられてはじめて、がんばれる一面があるのは事実です。もしかすると、動物一般に当てはまることかもしれません。少なくとも、ＡＩには当てはまらない要素です。

ご褒美によっては、人間の持つかなりのポテンシャルを引き出すことが可能です。みなさんも経験があるのではないでしょうか。成績が上がったら、遊園地に連れて行ってもらえたなど。

さすがに、大人は親にご褒美をもらうわけにはいきませんから、代わりに自分で自分にご褒美を与えるのです。がんばったらおいしいものを食べる、買いものをする、旅行に行く、などがそれです。

最近、私は「自分を愛する」ということをキーワードにしているのですが、家族のため、会社のため、日本経済のためにがむしゃらに働いてきたビジネスパーソンは、すこし自分を愛するところがあってもいいと思います。それによって、またがんばれるからです。私はそのことをご褒美と呼んでいるわけです。別に贅沢《ぜいたく》でも何でもありません。がんばるための工夫みたいなものです。

それが、勉強するモチベーションにもなるのです。前項でも述べたように、大人の場合、勉強し続けることが大事です。もはや大学受験があったり、いい会社に入ったりという絶対的目的があるわけではなく、AI時代に生き残るために勉強するのですから。

「好きなものだけ&飽きたらやめる勉強法」のように、その対象を好きになれるのがベストとは言うものの、必ずしもすべてのことを好きになれるとは限りません。そんな時はご褒美勉強法を活用すればいいのです。ご褒美に釣《つ》られないとできないなんて、いかにも人間らしいですが、逆に言えば、それでがんばれるなら十分行なう価値はあります。

⓬全身勉強法

最後に、もうひとつだけ意外な勉強法を紹介します。身体を持っていることこそが人間の強みであると前述しました。身体とは、頭も心も手足も臓器もすべて含むものです。私たち人間を形作っている全体と表現することもできます。

古代ギリシアの頃から、散歩しながら思考してきた哲学者がたくさんいたように、人間は全身を使って思考しています。とするならば、全身で勉強するということがあってもいいのでは？　いや、本当は全身で勉強しているのですが、それを意識していないだけです。だから問題が生じるのです。たとえば、頭しか使っていないと思うから、身体を労《いた》わらない。

つまり、頭だけが疲れたと思っているので、ストレッチをしたり、シャワーを浴びたりして、身体をリラックスさせることを怠《おこた》りがちなのです。特に中高年の場合、若い時に比べ、身体の各部分が弱くなっていますから、それこそ総力戦でいく必要があります。

そのために私がおすすめしたいのは、身体を鍛えることです。オリンピック効果か、ライザップが流行《はや》ったせいか、身体を鍛えるビジネスパーソンが増えています。筋トレやウォーキングを始める人が急増しているのです。私自身もついに重い腰（全身？）を上げて、トレーニングを始めました。そして開始してわずか2カ月で10キロ以上、身体を絞《しぼ》り上げました。その経験からも、これは単に身体を鍛えるだけでなく、勉強法にもなっていると思っています。

まず、勉強には忍耐力が必要ですが、身体を鍛えることで、その忍耐力がつきます。トレーニングは競技性のあるスポーツと異なり、単調な作業です。しかもつらい。これを続けることで、忍耐力がつくのはまちがいありません。

次に、トレーニング中に物事を考えます。これがふだん机に向かって物を考えるのとは異なる効果をもたらします。おそらく、環境と、動かしている身体の部位が異なることから、脳が刺激されるのでしょう。物事を違った視点で見ることができたり、急にアイデアが思いついたりします。

この「全身勉強法」はけっして侮《あなど》れません。ノーベル賞を受賞した科学者・山中伸弥《やまなかしんや》さん、作家の村上春樹《むらかみはるき》さんもマラソン大会に出場するほどのランナーです。２人とも、仕事の領域でもトップランナーです。私もそれに倣《なら》って、走る哲学者を目指しています。走りながら考えることと、仕事の成果には何らかの相関性があると思うからです。

机に向かって行なう勉強が８割として、残りの２割は運動しながら勉強してもいいのではないでしょうか。

第4章

最強の哲学思考法10

「感じる力」を武器にする

ＡＩに勝つ勉強法で地頭を鍛え、ＡＩには真似できない哲学思考法をマスターすることで、ようやく私たちは人間らしく生き生きと働くことができます。本章では、そんな人間にしかできない哲学思考法を紹介します。また、それらをどう身につけていけばいいのか、トレーニングの方法も示します。

具体的には10個の思考法を選びました。哲学の思考法はたくさんあり、知っていれば知っているほどいいのですが、全部マスターするのは時間がかかりますし、困難です。なので、ここでは厳選したものだけを披露します。

10個には共通の特徴があります。これをあらかじめ意識しておくと、より理解しやすくなると思います。

それは本能、感情、曖昧さ。つまり、人間らしさを前面に出し、人間らしさを生かした思考法です。なぜなら、人間らしさこそ人間の最大の武器であり、ＡＩには真似のできない部分だからです。

まず、人間らしさについて確認しておきましょう。さきほど本能、感情、曖昧さというキーワードを挙げましたが、他にも身体、生命、不完全さなどを挙げることができます。これらをまとめて「人間らしさ」と呼んでいるわけです。あえて一言で表現するなら、「感じる能力」でしょうか。

計算する機械に対して、同じく計算のような理性だけで勝負していてもかないません。ならば、人間のもうひとつの能力である「感じる力」に着目するのです。それが人間らしさであり、具体的にはすでに挙げたような諸要素がそこに当てはまります。

「感じる」とは、幅広い概念ですから、それだけでは何を意味しているのかわかりにくいかもしれません。ただ、それが思考法と結びつくことで、単なる理性による合理的思考を超えたものになることだけは、それこそ「感じて」いただけるのではないでしょうか。早速見ていきましょう。

❶セルフ問答法

「セルフ問答法」を紹介する前に、まず「問答法」について説明します。問答法とは、一番はじめの哲学思考法と言っても過言ではありません。なぜなら、哲学の父ソクラテスが始めたからです。ソクラテスは街で若者たちをつかまえては、質問をしました。そして彼らに考えさせ、彼らの口から答えを出させたのです。

そもそも哲学とは対話のことです。2人の人間が、相手の主張を否定することで、否定されたほうはそれに答えようと考える。その否定を克服《こくふく》しようとする姿勢こそ、思考の原点です。

のちに、この思考法はさらに磨かれ、ヘーゲルによって「弁証法」として精緻化《せいちか》されるに至ります。その原理はやはり問答法と同じく、否定を克服して論理を発展させるものです。その意味で、問答法こそがオリジナルだと言えるでしょう。その証拠に、ソクラテスの問答法もまた弁証法と呼ばれることがあります。

注目したいのは、その否定のもたらす効果についてです。なぜ問答法が思考を鍛えるのか？　それは否定されるからです。これは、私たちの日常感覚からもわかると思います。人間は否定されないと伸びません。まちがえた時になぐさめられてばかりではいけないのです。全否定はいけませんが、どこがどういけないのか、建設的に批判されることではじめて成長の機会を得るわけです。

しかも、これが他者によってなされることに意味があります。自分で自分を批判するのはきわめて困難ですし、そもそも、自分の弱点や過《あやま》ちを発見するのは至難の業《わざ》です。たとえ気づいていても、目を背《そむ》けるなど、自分に甘くなってしまいます。そこで、他者による冷徹な否定が求められるのです。

具体的には質問がそれに当たります。「あなたはそう言うけれど、なぜですか？」と尋ねられただけで、自分の意見が否定されたことになるのです。もし、すべて納得のいくものなら、尋ねる必要はないでしょうから。

この場合、質問が鋭ければ鋭いほど効果があります。否定力が強いということです。それは、伸びしろもあるということにほかなりません。実際、鋭い質問をされると深く考え込むはずです。しかも鋭ければ鋭いほど、記憶に残ります。

私はよく社会を変えることの大切さを訴《うった》えているのですが、学会でこんな質問をされたことがあります。

「社会を変えるためならどんな手段を使ってもいいのでしょうか？」

そんなはずはありません。でも、社会を変えることを第一義とするなら、理屈上はどんな手段を使ってもいいはずです。思わず言葉に詰まってしまったのですが、あの時のことは克明《こくめい》に覚えています。そして、その後もずっと考え続けています。鋭い質問は、思考を深めるきっかけになるのです。

さて、これで問答法の意義はわかっていただけたかと思いますが、問題はこれを1人で行なう、セルフ問答法として再構成するための方法です。2人以上で行なう場合は比較的容易にできます。相手を否定すればいいのですから。でも、思考法として1人で頭のなかで行なう場合には、一人二役を兼ねる必要があります。そこが難しい。どうしても自分には甘くなりますから。

ただ、それができるようになれば最強です。ある人はそれを「批判的精神」と呼びます。また、ある人は「クリティカルシンキング」と呼びます。批判的に思考することです。批判と言うと悪いイメージがあるかもしれませんが、哲学における批判は吟味《ぎんみ》のことです。

思ったままを発言したり、思いついたことをそのまま自分の考えにしてしまったりするのは、若い人がすることです。大人はじっくりと吟味するところに価値があります。経験豊富で、思慮深い大人ならではの特性を生かすのです。

そうすると、必然的に答えを出すのに時間がかかりますが、その遅さを恐れてはいけません。遅いのは悪《あく》ではないからです。どうせ速さではＡＩにはかなわないのなら、あえて時間をかけましょう。

しかも「本当にこれでいいのか？」「あの人ならどう考えるだろう？」などと検討する。時間ギリギリまでこれをするのです。それはけっして不可能なことではありません。以下、そのためのトレーニング方法を示します。

セルフ問答法トレーニング

まずは、実際に誰かと問答法を十分に繰り返してください。その経験がイメージとなって、やがて１人でもできるようになります。最近の風潮として、忙しさを理由にして、人と議論することが減っているように思います。ＳＮＳのちょっとしたやり取りですませてしまうことが多いのではないでしょうか。それでは、問答する力が衰《おとろ》えてしまいます。

基本は他者との対話です。そのうえで、１人で何か意見を唱えてみてください。練習ですから何でもいいのです。たとえば、「アニメなんて幼稚《ようち》だ」とか。

ここからセルフ問答法を開始します。このセリフを言ったのは自分自身ですが、あえて他人が言ったと仮定するのです。そのようなことを言いそうな身近な人を具体的に思い浮かべてみましょう。仮にAさんとします。

Aさんのこの意見に対して、自分が反対の立場に立っていると想定するのです。もともと自分の意見であるにもかかわらず。そうすれば、Aさんに対する何らかの反論を思いつくはずです。「いや、そんなことはない。アニメは実写では描けない真実を表現しているのだから」など。そして今度は、Aさんの気持ちになって再反論します。

こうして、Aさんと、それとは違う意見を持った自分との間で、架空の議論を展開するだけでいいのです。そうすれば、自《おの》ずと議論は発展していきます。

慣れてきたら、Aさんだけでなく、Bさん、Cさんなど複数の人を同時に想定してセルフ問答してみましょう。Aさんならこう考えるかもしれない、Bさんならこう、Cさんなら……。1人で考えているにもかかわらず、何人もの視点がそこに加わり、考えがどんどん磨かれていくわけです。

仮にAさんは慎重で疑い深い性格、Bさんは楽観主義者、Cさんはいつもユニークな発想をする人だとしましょう。そこで、あなたが「残業は悪だ」と言ったとします。Aさん、Bさん、Cさんはそれぞれ、どのような質問を投げかけてくるでしょうか？　そしてあなたはそれに対してどんな反論をするでしょうか？　こんな感じでトレーニングするわけです。

ちなみに、私は常に、個性の強い３人くらいの知人を頭のなかにスタンバイさせています。この場合、よく知っている人を選ばなければなりません。その人ならどのように言うか想像できなければ意味がありませんから。まあ、本人たちはこのように使われているとは夢にも思っていないでしょうが。

これがセルフ問答法のやり方です。けっして難しくはありません。慣れれば瞬時にできます。ぜひ一度やってみてください。そのうち、習慣になると思います。そんな人を私たちは「熟慮できる人」と呼ぶのです。

❷プラグマティック思考法

次に紹介するのが「プラグマティック思考法」ですが、これは名前の通り「プラグマティズム」がベースになっています。プラグマティズムとはアメリカ発の哲学で、ある意味で反哲学の思想と言っていいでしょう。なぜなら、この思想は伝統あるヨーロッパの哲学に反抗する形で生まれたものだからです。

アメリカという国家が誕生する前、哲学はヨーロッパのものでした。ヨーロッパ人たちは哲学することで、物事の真理を探究しようと躍起《やっき》になっていました。ところが、アメリカ大陸に来てみると、物事の真理よりも、いかに物事を成し遂げるかということのほうが重要になってきます。西部開拓が典型ですが、抽象的な観念や真理を追い求めても、生きていけないからです。

そのような環境下、「正しさ」の意味も変わっていきました。つまり、うまくいけばそれが正しいとされるようになったのです。実際に、それが理論的に正しいかどうかは別の話です。プラグマティズムを完成した哲学者デューイ（1859～1952年）によれば、「知識は道具である」とさえ主張されるに至ります。これがいわゆる「道具主義」です。

この意味での正しさに到達するためには、うまくいくまでやり続けなければなりません。試行錯誤をするわけです。試行錯誤には、肯定的ニュアンスと否定的ニュアンスの両方が含まれますが、ここでは肯定的なニュアンスでとらえてもらえばいいでしょう。いい答えを見つけるために、あえて試行錯誤するのです。答えを選び出し、時には加工する。

従来の哲学は、決まった答えがひとつあり、それに向かって突き進むものでした。いっぽう、プラグマティック思考法は、たくさんある答えのなかから問題解決のためにぴったりのものを選び出します。しかも、合わなければ加工する。

たとえるなら、お店で服を選ぶようなものです。ああでもない、こうでもないと目的に合った服を選ぶ。もちろん試着もします。そして一番合うものを選ぶけれども、それでも完全にはフィットしないので、裾《すそ》や丈《たけ》をすこし加工します。

プラグマティック思考法は、こうした試行錯誤の過程さえもプラスにするのです。なぜなら、次に似たような問題を考える時の参考になるからです。服選びも自分のサイズを知った2回目はうまくいきますね。

このような正しさの追求は現実的すぎて、哲学にそぐわないようにも思えますが、反哲学が哲学でないとは言い切れません。むしろ、もうひとつの哲学と考えたほうがいいでしょう。

プラグマティズムは言い換えれば、柔軟な思考にほかなりません。AIとの比較でもお話ししましたが、柔軟性は人間の武器です。とりわけ、多様な価値が激しく対立し合う現代社会においては、柔軟な思考こそが求められます。原理原則や真理をめぐって対立していては、いつまで経っても埒《らち》が明《あ》きません。AI時代に思考法として再定義される哲学には、単に真理の追求だけでなく、そうした問題解決のツールとしての要素が求められるのです。

テクノロジーの進化によって先の見通せない現代社会は、あらゆる場所・領域が開拓前のアメリカみたいなもの。プラグマティック思考法が求められるわけです。

プラグマティック思考法トレーニング

これについては、デューイが実際に行なった思考法をそのまま実践するのがいいでしょう。試行錯誤を本質とする思考だけに、実践的トレーニングが最適です。

デューイは「思考するとはいかに探究するかだ」と言いました。そして探究のステップについて論じています。①探究の先行条件（不確定な状況）②問題の設定 ③問題解決の決定（仮説形成）④推論 ⑤仮説のテスト です。

「①探究の先行条件」とは、まず何らかの困った事態の発生です。練習がてら、身の回りの何か困っていることを挙げてみましょう。仕事のことでも、私生活のことでも、不便なことでもOKです。たとえば、通勤がしんどい、とか。

この状態が契機となり、「②問題の設定」がなされます。困った事態の原因は何か、何が問題かが特定され、確定されるのです。通勤がしんどいのはなぜか？　私の経験からすると、混んだ電車に詰め込まれるからです。

そのうえで、「③問題解決の決定（仮説形成）」が行なわれます。こうすれば問題が解決するという仮説を立てるわけです。デューイは、不確定な状況でも与えられた状況のなかで、構成要素として決定できるものを探し出すべきだと主張します。たとえば、人混《ひとご》みの会場で火災報知機が鳴った時、好ましい結果を生むように行動できるかどうかは、それが起こったのがどこかを確定することだと言うのです。

そのために求められるのが「観察」です。観察された、すべての条件をひとまとめにした「その場の事実」こそが、適切な解決に不可欠なのです。では、通勤列車に乗っている自分を客観的に観察してみましょう。見えてくるのは、人との接触や長時間の立ちっぱなしで疲弊《ひへい》する姿です。ということは、それさえなければ問題はないということになります。

こうして立てられた仮説にもとづいて「④推論」、すなわち実験が行なわれます。推論によって点検することではじめて、意味が確定するのです。つまり通勤で人と接触しなくていい、しかも座れるルートを選ぶのです。もちろんその場合、より通勤時間がかかったり、交通費がかさんだりするかもしれません。でも、自分がつらいと思っている要素を取り除けば、問題が解決するかどうかシミュレーションしてみるのです。

最近、同様の方法を採用した「デザイン思考」が流行《はや》っていますが、まさに同じプロセスを踏んでいます。デザイン思考では、この推論の部分を「プロトタイプの構築」と呼んでいます。試作品を作るということです。

最後の「⑤仮説のテスト」では、本当に状況が変わるかどうかがテストされます。プロトタイプの評価です。この場合、新たな事実は、仮説が形成される前の混乱した問題状況を解決して「秩序ある全体を形成する」時、ようやく証明されたことになると言います。もし30分早起きするだけで、また片道200円の交通費を余分にかけるだけで快適に通勤できる方法が見つかり、それで納得できるなら正解ということになります。

ぜひ身の回りの問題を五つのステップに当てはめて、検証してみてください。習うより慣れろがプラグマティズムの基本ですから。

たとえば、「食欲がありすぎる」という問題であれば、普通は単純にそれを抑《おさ》えようとして苦しむだけです。でも、プラグマティック思考法を使えば、意外な答えが見つかるかもしれません。「いっそのことYouTubeで食レポを始める」とか「それがきっかけでマラソンを始める」といったように。このように、意外な答えが見つかるというのも利点です。

日常は問題にあふれていますから、その意味ではトレーニングの題材には事《こと》欠かないはずです。「職場に意地悪な人がいる」「給料がよくない」「夜眠れない」などなど。「これ、自分のことだな」と思った方は早速、プラグマティック思考法に当てはめてみましょう。

❸感情思考法

第1章でも述べたように、ＡＩのような人工物と人間とを区別する最大の要素は、感情です。ＳＦでも、ロボットが人間の涙を理解できずに悩むシーンが出てきます。悲しい時になぜ涙が出るのかわからないのです。

哲学の世界で、最初に感情について論じたのは、フランスの哲学者デカルト（１５９６～１６５０年）です。デカルトは、著書『情念論』のなかで、感情のメカニズムを明らかにしました。

そのポイントは、感情とは人間に備わった本質的な能力であり、かつそれは思考を強化するのに役立つということです。感情があるから、人間は身体に変化が表われる。だから、悲しい時に涙を流すのです。その感情のおかげで、人間はしっかりと考えたり、本当に正しい判断をしたりすることができるのです。

感情と言うと、非理性的なものととらえられがちです。しかし、それは、思考を強化するように使っていないだけなのです。感情が持つエネルギーをきちんと飼いならすことさえできれば、感情はむしろ武器になります。あたかも大岡裁き《おおおかさば》のように。

大岡裁きとは、江戸時代中期の町奉行・大岡忠相《ただすけ》による、人間の「情」を直視した裁きのことです。有名な「子争い」では、わが子を主張する2人の女性に対し、2人の間で子どもの手を引っ張り合うことを命じます。そして痛がる子どもの手を離した者こそ、子を哀《あわ》れと思う情を持つ、まさしく母親であるとしました。杓子定規《しゃくしじょうぎ》ではなく、感情によって妥当《だとう》な結論を導き出したわけです。

これは匙《さじ》加減のようなもので、明確な基準があるわけではありません。唯一あるとしたら、その場にいる人たちが涙を流すかどうか。涙を流せば正解、そうでなければ不正解ということになるのでしょう。

その意味では、現場の空気さえ考慮に入れて判断する必要があります。私も、スピーチの際には、その場の空気を読み、みんなが感動するように締めくくりの部分をアレンジしています。感動させることができたら、スピーチは成功だからです。

ＡＩは情報収集に長《た》けていますが、どこまで人間の感情を考慮したり、その場の空気を読んだりすることができるのでしょうか。デカルトは、次のように述べています。

「理性がどんなことに出会っても役立ちうる普遍的な道具であるのに対して、これらの諸器官は個々の行為のために、それぞれ何か個別的な配置を必要とする」人間の理性の普遍性と、機械人間がそれを欠いていることを指摘しているのですが、ここに答えがあるような気がします。

つまり、人間とは普遍的な統合体であるがゆえに、感情という総合的な判断ができるのです。しかし、機械はその意味での統合体ではなく、あくまでパーツの集合体であることから、感情という総合的判断には向いていない。だからこそ、私たち人間は、感情を思考法として生かすべきなのです。

理詰めで考えるだけでなく、その場の空気も含めて考慮し、いかに涙を誘うかを思案する。これが「感情思考法」です。

感情思考法トレーニング

では、感情を思考法として生かせるようになるには、どのようなトレーニングをすればいいのか？　忘れてはいけないのは、説得力がなければ思考法として成立しないという点です。そのために、まずは理屈で考えます。原理原則に則《のっと》り考えるとどうなるか導き出すのです。

その次に、その結果では不都合な点や、人々を感動させることができない点を見出します。これら欠けている部分を感情で補《おぎな》うわけです。デカルトの言う「思考を強化する感情」という発想です。

トレーニングとしては、自分や他者が原理原則からいったん結論を出したあと、「ただ」「でも」と切り出し、その結論を修正する提案を行なう習慣をつけてください。また、人を感動させるためには、まず自分自身が感動するような話をしてください。その際、人間の弱さや人のやさしさに着目するといいでしょう。

たとえば、誰かが「ＡＩなんてしょせん機械だ」と言ったとします。私もそう述べていますが、あえて反論し、感動を誘ってみましょう。たとえば、「ただ、そのＡＩを作った人がいるんだよね。たとえ物であっても、手塩《てしお》にかけて作ったものって、自分の子どもみたいなものなんじゃないかな。マンガ『鉄腕アトム』がそうだったよね。天馬博士は、亡くなった自分の子どもの代わりにアトムを作ったんだから」。

あるいは「でも、映画『ＡＩ』で描かれていたように、意識を持ったＡＩって、心から生みの親の存在を信じていて、お母さんに愛されたいと願ったりするんだよね。それをただの機械だとして廃棄できるかなぁ」。いかがでしょうか？

苦手な人は、ヒューマンドラマの映画を観て、そこから学ぶのもひとつの方法です。感動する映画には、必ず見せ場があります。原理原則にもとづく思考から感情による思考へと移行するシーンです。

たとえば、放蕩《ほうとう》息子を勘当したはずの親が最後に手を差し伸べる、自分を裏切った友を恨《うら》んでいた男がそれでも友情を信じようとする、愛娘《まなむすめ》を奪った運命を呪《のろ》い死のうとさえした男が、苦しみを乗り越えてもう一度生きようとする、などなど。

ちなみに、最後の例はウィル・スミス主演の映画『素晴らしきかな、人生』で描かれているものです。私が特におすすめする哲学的作品でもあります。

この作品も理屈だけで解釈すると、不合理な人生を生きる価値はないとなってしまいます。その行き詰まった意識を転換してくれるのは、やはり感情なのです。こうした映画を使って、何がどう修正され、どんな感情がどんな言葉で表現されているのか、メモしてみてください。このトレーニングは作品も楽しめるし、思考法の勉強にもなるし、いいことずくめです。

❹本音思考法

「本音《ほんね》思考法」とは、自分の気持ちに素直になって考えること。まるで精神科のアドバイスのようですが、れっきとした哲学です。人間には本音と建前《たてまえ》があり、本音で考えるのと、建前で考えるのとでは、プロセスも結果も変わってきます。

私たちはたいてい建前で思考しています。そのほうが、都合がいいからです。波風も立ちません。しかし、「本気でそう思っているの？」などと指摘されると、ドキッとします。それは図星《ずぼし》を指されたからです。このように、建前思考法の問題は威力が弱い点です。体裁《ていさい》だけ繕《つくろ》おうとするから、大元《おおもと》のところが弱くなるのです。

逆に、自分の気持ちに素直になって、本音で思考している場合は、最後のところで強い。信念・信条があるからです。その人が心からそう思うということは、もう誰にも否定することができません。それは論理を超えています。この根拠を崩《くず》すことは容易ではありません。

ドイツの哲学者ニーチェ（1844～1900年）は、まさにそのような思考をしていました。「みんな『道徳』『道徳』と言うが、そんなものは建前にすぎないのではないか」と。ニーチェは昔も今も学生たちに人気がありますが、このように過激なことを言っても、それが本音ゆえに憎めないからかもしれません。

その究極の例は、人を殺してはいけないという道徳観です。もし本当に人を殺したいと思っている時、その本音を隠してあれこれ理屈づけても、説得力がない。むしろ自分の気持ちに素直になったほうが健全であるとまで述べています。もちろん、社会的には健全とは言えませんが。

これは極端な例ですが、他のことについては、いくらでも自分の素直な気持ちだと言い張ることが可能です。はたして、こんな理不尽《りふじん》な主張がAIにできるかどうか。

だからこそ、人間の本音による主張は、強靭なのです。これを思考法に生かさない手はありません。議論をする時など、嘘をついたほうが負けます。正直に開き直られると、もう攻めようがありません。かっこつけたほうが負けるわけです。「本音思考法」の強みはここにあります。

本音思考法トレーニング

自分の気持ちに素直になるためには、考えをいったん吟味するようにすればいいでしょう。まず答えを出し、そして「これは自分の本音なのだろうか？」と問うわけです。これを繰り返していると、だんだん自分の基本的な考えというものが見えてきます。「思想」と言ってもいいでしょう。

そして、それらをリストアップする。政治についてどう考えているか、神の存在についてどう思っているか、ＡＩの未来についてどう思うか、人生については……と。

こうして、自分の本音を一度可視化するのです。言わば、自分の本音リストです。あらかじめこれを作っておけば、瞬時に本音で思考できるようになってきます。自分の立場の確立です。考えがぶれることもなくなります。

あとは、それを外に向けて出せるかどうかです。本音を出すには、勇気が必要です。また、自分をさらけ出すようで、はずかしさもともないます。過激な考え方の場合は、批判も覚悟しなければなりません。

そこで、こうした勇気を持つために、ふてぶてしくなる訓練も同時に必要です。誰に何を言われても、孤高の立場を維持できるふてぶてしさです。まさにニーチェがそうであったように。

これについては、日記から始めるのがいいでしょう。人前ではなかなか言いにくいことを記述するわけです。まずは、自分の気持ちを文章化できるようになることです。

次に、ネットなどで書いてみる。これはすぐ反応がありますから、メンタルの訓練になります。有名人のなかには、ネットを世間の反応を見るための〝観測気球〟に使う人もいます。

炎上が気にならなくなれば、もうニーチェです。そうなれば、人前で堂々と自分の気持ちに素直に発言できるようになります。人が何を言おうと、ＡＩがどのような答えを出そうと、自分はこう思うんだからしかたないと開き直るのです。もはや、ＡＩもお手上げです。

❺身体思考法

身体を思考法にするというのはどういうことか？　それは、せっかく人間に与えられた身体なるものを、頭の代わりに使ってみるということです。

ＡＩには身体がありません。人型ロボットは人間の形を与えられてはいますが、それは必然のものではない。したがって、形だけ人間の身体を与えられても、彼らはそれをうまく使いこなすことができません。手足を動かすことはできても、身体を使いこなしたことにはならないのです。

なぜなら、身体はきわめて複雑で不思議な存在だからです。見かけは真似できても、完璧に同じものを作るのは不可能でしょう。脳から神経が張りめぐらされていると同時に、身体を構成する細胞のひとつひとつが独立した生命体であり、かつひとつの身体の一部なのですから。

その意味では、わざわざ「身体思考法」と言う必要はないかもしれません。考えることは、そもそもが身体を巻き込んだ営みであり、私たちが日頃、意識していないだけなのです。

ただ、それを超えて、身体思考法には別の意義を見出すことも可能です。実は、身体は脳のシモベでも道具でもなく、それ自体が独立した存在として思考を行ないうるのです。

身体について、本格的に哲学したのは、フランスの思想家メルロ=ポンティ（1908〜1961年）が最初とされます。

メルロ=ポンティによれば、身体は意識と世界をつなぐインターフェイスのような役割をはたしていると言います。私たちはつい身体を軽視し、そこを飛ばして、あたかも意識と世界がダイレクトにつながっているかのように思いがちです。ところが、それは違います。途中に身体が介在しているのです。

ということは、身体の状態次第で、物事の受け取り方も変わってくる。たとえば、身体の調子が悪ければ、世界のイメージも悪くなるわけです。逆に体調がよければ、世界がすばらしいものに思えてくる。景色も、匂いも、何もかもが。

これは、みなさんも経験があるのではないでしょうか？　晴れた朝は、体調がよければ気持ちのいいものですが、二日酔いのあとには、地獄のスポットライトにしか思えません。

そう考えると、むしろ身体こそが主体的に意識に情報を与えることもありうる。意識が身体に命じて世界の情報にアクセスするのではなく、身体が先に世界の情報にアクセスし、それを意識に伝えるということです。

身体は常に意識的に動かしているとは限らないので、これは大いに起こりうることです。ＡＩには身体の主体性はありませんから、もし人間がこの部分を思考法として活用することができれば、それは独自の思考をしていることになります。これが、身体が感じたものを意識のなかで再構成する、「身体思考法」です。

秋の朝、冷たい水に触れた人は季節の変化を感じ、さまざまなことに思いをめぐらせるでしょう。その思考はＡＩにはないのです。

身体思考法トレーニング

「身体思考法」を磨くには、身体を磨くのが一番です。身体が情報を受け取る感度を上げるということです。そのためには、まず身体が情報を摂取していることを実感してください。

たとえば、目を閉じて近くにあるものを触《さわ》ってみる。この時、目的物を決めてはいけません。手のおもむくままに触れるのです。そして、それが何かを考える。触覚だけではありません。匂いを嗅《か》いでみたり、耳をそばだてたりしてください。闇鍋《やみなべ》は、食べるものを目ではなく、舌で判別するおもしろいものですが、この感覚です。

こうして、意識が先ではなく、身体が主導権を握って情報を摂取する感覚を磨いていくのです。慣れてきたら、身体が感じたものを記述する練習をしてください。意識が感じたものではなく、身体が感じたものです。どう違うんだと思う人は、試しに右手で左手を触ってみてください。そしてそのまま左手に神経を集中して、右手に触られていると思ってみてください。

いかがですか？　今ここで生じたことはこういうことです。まず意識によって右手が左手を触りました。そして左手に神経を集中した瞬間、左手は意識を離れて、つまりあなた自身を離れて、独立した身体の一部として右手を感じたはずです。その証拠に、あたかも別の人に手を触られたような感覚にとらわれたのではないでしょうか。意識はひとつであるにもかかわらず。

このように、意識と身体を切り離すことは可能なのです。その切り分けが難しいだけで、身体の声に耳を傾《かたむ》ければできます。ペンを触ってみて、意外と軽いとか、手にフィットするとか、なんでもいいから、文章化する。コツは、何も考えずに身体で触れてみて、その第一印象を記述することです。それは、頭が考え始める前の、身体による思考結果です。

何を触ればいいかわからない人は、たとえば次のものはいかがでしょう。消しゴム、ハサミ、歯ブラシ、綿棒、食器洗い洗剤（液体）、ティッシュ、レジ袋。いずれも身近にあり、かつ素材や感触が異なるものです。しかも、ふだん触っているものばかりです。ところがトレーニングとして触ると、また違った姿を現わすに違いありません。ただし、くれぐれも先入観を持たないように注意してください。

こうしたトレーニングを繰り返しているうちに、あたかも自分のなかに頭と身体というふたつの思考回路ができたかのような感覚にとらわれるようになります。そうなれば、しめたものです。

❻記憶生成法

人間には記憶力があります。「人間に比べＡＩのほうが大容量を、しかも正確に記憶することができる」と言う人がいます。その通りです。しかし、私の言う記憶力とは、「記憶する力」ではなく「記憶を作る力」のことです。

フランスの哲学者ベルクソン（1859〜1941年）は、「人間の記憶は今ここで作られている」と主張しました。これはどういうことか？

私たちは通常、記憶とは過去の事実だと思っています。しかし、人間がそれを思い起こす時、頭のなかで常にその作業を行なう。つまり、今自分の頭のなかで再構成されている、あるいは作られているものこそが「記憶」と呼ぶものなのです。それは、けっして過去に起こった事実とは一致しません。なぜなら、人間はそれほど正確に物事をとらえ、保存することができないからです。

私たちの頭はドライブレコーダーではありません。いくらがんばっても、それは不可能です。あがくことは別の意味で大事ですが、まずは完璧にすべてを覚えておくことは不可能であるという認識が大事です。とすると、「記憶」と称して、私たちはいったい頭のなかで何をしているのか？

それは、今見ているもの・感じているものと、過去にあったと思い込んでいるものをミックスしているのです。「今」をフィルターにして過去を見ていると言ってもいい。

記憶違いは、こうして起こるのです。このメカニズムは、意図的に嫌な記憶を薄めるためにも利用されます。実際、精神科ではそのような治療も行なっています。現在の情報によって、意図的に記憶を改竄《かいざん》するのです。そのほうが生きやすくなるからです。

逆に恨《うら》みは、悪い記憶をどんどん増幅させている状態です。もしかしたら、それほど憎いわけではないかもしれないのに、記憶を改竄し、相手を憎んでいく。たとえば、格闘技の選手はあえて相手への憎しみを増幅させ、闘争心を掻《か》き立てることがあります。

ですから、記憶はよいほうにも悪いほうにも変えられる。AIに記憶の改竄は難しいでしょうが、人間にとって、記憶の改竄はふだん自動的に行なわれているのです。それは、苦しまずに生きるための本能的営みみたいなものなのです。

何ともいい加減で、都合のいい話ですが、そこが人間のすばらしいところです。これを意図的に操《あやつ》り、武器にしない手はありません。もちろん、改竄するといっても、私たちは100%記憶をコントロールできるわけではありません。それは、無意識のうちに、さまざまな要素が介在してくるからです。場合によっては、その人の人生の全経験が介在してくるかもしれません。

それも織り込み済みの状態で、これを活用することができれば、ＡＩとは異なった思考が可能になります。それこそ、とても幻想的でユニークな「記憶生成法《せいせい》」です。

記憶生成法トレーニング

記憶を上手にコントロールできるようになるには、今見ているものや感じているものを、過去の記憶に混ぜ合わせる必要があります。たとえば、嫌な人の記憶があったとしましょう。その場合、その人のいいところを探したり、その人の抱えている事情を探ってみたりするのです。そうすると、嫌悪感がすこしずつ薄らいでいくようになります。

このようにして、記憶を呼び起こしては改竄していくわけです。いい記憶にしたい場合はプラスのフィルターを、悪い記憶にしたい場合はマイナスのフィルターをかけて。

悪い記憶にしたいとは変な表現ですが、前述の格闘技の選手が闘争心を掻き立てるようなケースです。また、過去の自分を嫌な人間に仕立て上げて、生まれ変わるために努力するということもできます。

具体的には、まず自分のなかにある記憶を記述します。そしてその記憶を疑い、本当はこうではなかったのかと書き換えていく。そして、どんどん上書きしていきます。しまいには、自分でもそう思い込み始めるから、不思議です。

たとえば、「私は昔から犬が嫌いだ」と書いてみる。次に、「いや本当は、犬は好きだが、小さい頃に怖い経験をしたのではないか?」と疑ってみる。さらに、「たまたま撫《な》でていたら手を噛《か》まれた。それ以来、嫌いになったのでは?」とでっちあげてみる。こうしていくうちに、「だから心から犬が嫌いというわけではない」と思い始めるのです。

また、過去の自分を振り返り、２通りに表現することもいい訓練になるかもしれません。たとえば私の場合、20代後半に４年間のフリーター生活を送っていたのですが、その時の思い出はあまりいいものではありません。この事実を、２通りに表現してみましょう。

まず、悪い記憶として記述します。「あの時はお金もなく、やりたいこともやれずに、ただ時間を浪費していた。人生最悪の時期だった」。こうして改めて文字にすると、思わずため息が出ます。

次に、まったく同じ時期のことをよい記憶として記述してみます。「あの時はお金こそなかったが、その後の人生を考えるためには死ぬほど時間があった。その意味では貴重な時期であったとも言える」。こう書くと、私の人生に不可欠の有意義な時間であったようにも思えてくるから不思議です。

誰しも似たような記憶があるのではないでしょうか。「受験に失敗した」「好きな人に振られた」「欲しいものを手に入れた」「死ぬほど恥ずかしい思いをした」「病気になった」などなど。このなかに当てはまるものがあれば、ぜひそれぞれ悪い記憶・よい記憶の2通りで表現してみてください。

文章を書いていると、不可避的にこの作業に直面します。つまり、自分の体験について触れる際、そのまま記憶が残っているわけではないので、改竄せざるを得ないのです。文脈に応じて、同じ過去をいいようにも悪いようにも表現できれば、もう「記憶生成法」をマスターしたようなものです。

❼瞑想思考法

「瞑想《めいそう》思考法」とは迷走し、瞑想する思考法です。言葉遊びのようですが、私としては本質を突いたつもりです。

人間は迷う生きものです。生きることそのものが迷いと言ってもいいでしょう。私も、毎日のように迷っています。明日の授業をどうするかといった小さなことから、いかに生きるべきかという大きなことまで。そして思い悩むうちに、出口のない迷宮に入り込みます。

そんな時、禅《ぜん》の教えである瞑想を行なうことで、答えが見えてくることがあります。禅は日本哲学の主要なもののひとつであり、れっきとした思考法です。しかも、ＡＩには真似できません。起きているにもかかわらず、頭をからっぽにするわけですから、単なる電源オフとは違います。

世界に禅、いやＺＥＮを広めたのが仏教哲学者であり、思想家でもある鈴木《すずき》大拙《だいせつ》（１８７０～１９６６年）です。その大拙が説いたのが、「無分別《むふんべつ》の分別」です。

分別とは、「あの人は分別がある」などと言うように、道理をわきまえていることを意味します。理屈できちんと物事を考えることのできる能力です。無分別とは、その反対で理屈で考えないことを意味します。理屈で考えないということは、物事をいちいち分類したり分析したりしないということでもあります。

とすると、「無分別の分別」とはどういうことか？

大拙によれば、「無分別の分別」とは、個《こ》である人の意識を超えた、言わば「超個《ちようこ》の意識」のこと。それは、個でありながらも、個の外側にあるものと一体となった存在です。人の意識は普通、分別によって構成されているはずですが、それだけでは不十分であり、その背後に無分別が求められる。そうでなければ、物事をとらえきることができないと言うのです。

簡単に言えば、分別は人間の認識能力の一部でしかなく、そこに無分別が加わって、はじめて物事が認識できる。その無分別を個が持つ時、それが「無分別の分別」になるのです。

では、どうすれば無分別を持つことができるのでしょうか？

それは、無意識になるよりほかありません。だから瞑想が必要なのです。雑念を捨て、頭を空っぽにする。人間は自動的に物事を考えるようにできていますから、なかなか難しいのですが、だからこそ、それができた時に新たなものが見えてきます。目を開いて分別だけを使っていた時には見えなかったものが。

ＡＩは計算・思考するようにできていますから、思考しないなら、機能していないも同然です。ところが、人間は思考していなくても機能しています。ここが強みです。瞑想を思考法として生かし、無分別によって導かれた答えを突きつける。これが「瞑想思考法」です。

瞑想思考法トレーニング

瞑想といっても、ここでお話ししているのはあくまで思考法です。そのためのトレーニングとしては、まず対象に向き合い、じっくりと考えること。可能であれば、頭が行き詰まるまで考えましょう。ここが普通の瞑想と異なる点です。

そして今度は一転、頭を空っぽにします。ほんの数分でもいいので目を閉じて、何も考えないようにしてください。最初は残像が浮かび、それにとらわれたりしますが、無視します。視界が気にならなくなると、次は音が聞こえてきます。空気の流れるような音が。それを無視すると、次第に無《む》に近づいていきます。

瞑想中は何も考えないわけですが、ほんの数分でも瞑想すると頭がリセットされます。そして、再度対象に向き合います。するとモードが切り替わり、行き詰まった頭が再起動します。そして、答えが見えてくることがあります。

これは瞑想中、無意識のうちに、違ったモードで思考を続けているからかもしれません。まさに大拙の言う超個の意識です。こうして見事に分別と無分別を共に活用することが可能になるわけです。

実は、シリコンバレーのビジネスパーソンはよく瞑想を行なっています。彼らは仕事が行き詰まると瞑想します。頭の切り替えに役立つからでしょう。アップルの創業者スティーブ・ジョブズも、サンフランシスコで禅を学び、瞑想を取り入れていました。

トレーニングは、できれば毎日1回習慣的に行なうといいでしょう。私もやっていますが、10分ほどの仮眠が体に効《き》くのと同じで、ほんの数分の瞑想が頭に効きます。

❽宇宙一体化思考法

「宇宙一体化」などと言うと、急に壮大な話になったように感じられるかもしれません。あるいは、あやしい思想と思われるかもしれません。

しかし、これはれっきとした中国の思想家・老子《ろうし》（生没年不詳）による思想です。老子は「タオ」という概念を提唱しました。タオとは「道《みち》」の中国語読みで、道こそが宇宙の原理とされます。簡単に言えば、宇宙を貫徹している大前提のようなもの。物理学では別の物質が挙げられるでしょうが、このようにとらえても問題はありません。

なぜなら、世界を、いや宇宙を理解しようというだけのことですから。そして、そう思えるのは人間の強みです。人間は大自然のなかにいると、自然の一部であることを感じることができます。あるいは、星空を見ていると、あたかも自分がこの宇宙の一部であるように感じることができます。ＡＩはそのように感じることも、非科学的なことを理解することもできないでしょう。

では、道を宇宙の原理としてとらえるメリットは何か？

老子によれば、この宇宙は道に支配されており、その道に素直に従えば、物事がすべてうまくいくと言います。これが「無為自然《むいしぜん》」です。何も為《な》すことなく、自然の成り行きに任せる。そうすることで、すべてを成し遂げることができるという意味です。

何もしないのにすべてを成し遂げることができるというのは矛盾しているように思えますが、けっしてそうではありません。無理に抗《あらが》って摩擦や抵抗を招くより、大きな力には素直に従ったほうがすんなりいくことがあるからです。

弱いほうが強い。これが宇宙と一体化することであり、生み出されるメリットです。「宇宙一体化思考法」とは、弱さを強さに変える思考にほかなりません。もともと、老子の思想は、戦乱期における軍事指南でもありました。その意味で、弱さを武器にして戦うための思考という側面もあるわけです。

もし、人間がＡＩと戦う日が訪れた時には、この老子の思想が役立つかもしれません。知能などで人間に勝るＡＩに対して、あえて弱さを武器にするわけです。

宇宙一体化思考法トレーニング

「宇宙一体化思考法」を鍛えるには、まず抗わない練習が必要です。気に入らないことが起こるたびに対抗していては、疲弊するいっぽうです。したがって、まず従うという習慣を身につけてください。最初は小さなことからでいいでしょう。意識して従うようにしてください。

たとえば、友人と食事に行く時、誰かが「イタリアンにしよう」と言ったとします。あなたはそれに反対でも、あえて従うのです。もちろん事態はすんなりと進行します。ただ、あなたのなかで、我慢したというフラストレーションが溜《た》まることでしょう。それを忘れるのです。「そのほうが結果的にうまくいく」と、自分に言い聞かせることによって。

何でもすぐに反対する人がいますが、それでは物事はうまくいきません。素直なのが一番です。とはいえ、注意していただきたいのは、従うのはあくまで勝つためということ。長い目で見れば、そのほうが有利になるから従うのです。闇雲《やみくも》に従って奴隷になるわけではありませんから、そのことを意識しておく必要があります。

これができるようになったら、次は弱さを強さに変える訓練です。老子は「上善《じょうぜん》は水の如《ごと》し」と言いました。水のように、すべてに利益を与えながらも、他と争うことなく器《うつわ》に従って形を変える。これこそ、最高の善であるというわけです。

私はこの言葉から、ジャッキー・チェン主演のカンフー映画『ドランクモンキー 酔拳《すいけん》』を思い出しました。ふらふらとしているようで、逆に柔軟に相手の懐《ふところ》に入っていき、倒す。モハメッド・アリのボクシングにたとえてもいいかもしれません。蝶《ちょう》のように舞い、蜂《はち》のように刺す。柔道もそうでしょう。柔《じゅう》よく剛《ごう》を制す。

つまり、弱さを強さに変えるとは、柔《やわ》らかさを生かすということなのです。まずは相手の意見や反対意見を受け入れる。そして機をうかがって攻めるわけです。

これは議論をするなかで鍛えられます。「確かにあなたのおっしゃる通りですね」とまず受け入れる。しばらくはそのスタンスでいきます。その間に、じっくりと反論を考えておきます。こうして十分受け入れたあとで、ここぞという時に「でも」と切り出すのです。

これを自分のなかでパターン化してください。宇宙と一体化するには、まず目の前の相手との一体化からです。

ちょっと練習してみましょう。話している相手が、次のようなことを言ったらどうしますか？　ちゃんと反論せずに我慢できますか？「人を愛するなんて馬鹿げている」「お金なんて不要だ」「口で言ってわからないやつは殴《なぐ》るしかない」。いずれもかなりの極論です。それでも、まずは相手の言葉に耳を傾ける。そんな訓練が有効なのです。

❾記号思考法

フランスの人類学者レヴィ＝ストロース（１９０８〜２００９年）は、概念と記号を対比しました。概念とは物事を理屈でとらえること、記号とは物事を印象でとらえることです。

レヴィ＝ストロースは未開民族の生活をフィールドワークするなかで、彼らが物事を記号的にとらえている点に着目しました。彼が活動した近代ヨーロッパでは、概念の探究こそが哲学の目的とされていたのです。したがって、物事は常に理詰めで探究され、すこしでも枠《わく》にはまらなければ不正解と見なされました。物事には何でも設計図があり、その設計図にぴったり当てはまらない限り、正しいとは言えないというわけです。

こうした考え方が問題なのは、柔軟性に欠ける点です。これでは、社会の変化に対応していくのが困難です。変化の激しい環境下では、多少違っていても、何とか応用して当てはめたり、使ったりできる柔軟さが求められるのです。

そこで、私が提唱するのが「記号思考法」です。対象を記号に見立てて、抽象的にとらえるわけです。これは設計図とは違い、曖昧なイメージですから、それに合うものを探すと、かなりのものが当てはまります。

たとえば、電話の設計図にぴったり当てはまらない限り電話ではないとするなら、無人島で電話を用意するのは不可能です。ところが、離れたところにいる人が話すためのツールという程度の曖昧なイメージでとらえておけば、糸電話でもいいことになります。

今、無人島の例を出しましたが、記号という発想によってレヴィ=ストロースが提起したのは、そんな野生の思考にほかなりません。

彼は、野生の思考を象徴するものとして「ブリコラージュ」という概念を提起しています。これは「器用仕事」とも訳されるもので、その場にある材料でうまく物事をやりすごすための知恵です。厳格さを求められる商品としての家具ではなく、日曜大工みたいなものと考えればいいでしょう。

きちんと設計図がなければ作れないのは「エンジニアリング（工学技術）」です。でも、それでは、いざという時に間《ま》に合わない可能性があります。何より、変化の激しい社会では、設計図ができあがる前に、とにかくその場をやり過ごす必要があるのです。そんな時、ブリコラージュが求められるわけです。

もしかすると、野生の思考である「記号思考法」の大切さは、ＡＩ時代が行き詰まった時にはじめて思い知らされるのかもしれません。その時のためにも、しっかりと習得しておきましょう。

記号思考法トレーニング

「記号思考法」のトレーニングは、入手した情報を絵文字にすることを習慣にすればいいでしょう。最初はじっくり考えてかまいませんが、だんだん瞬時にできるようになるのが理想です。その場ですぐに対応が求められることもあるからです。

たとえば、カップを見れば英語のＵの字を思い浮かべる。そうすれば、カップがない時には、その形のものを探すでしょう。もちろん、穴が開いていたり、水に溶《と》ける素材だったりしては用をなしませんから、カップとして使えるだけの最低限の特徴は押さえておかねばなりませんが、それはあとの話です。

つまり、実際にカップがなくて困った時は、まず同じ形状のものを探して、水を入れて試す。そしてうまくいったものを採用するわけです。

カップだけではありません。ザルであれば網目《あみめ》模様、のこぎりであればギザギザというようにイメージしてみましょう。そして時間がある時に、周囲の物をじっと見て、それを絵文字に置き換える練習をしてください。なぜ身の回りのものかというと、日頃よく使うものがない時に、この思考が威力を発揮するからです。たとえば、災害が起こった時がそうです。

人間は追い込まれると、野生の思考を発揮するものです。それは、生存本能があるからでしょう。その意味では、眠れる野生の思考を目覚めさせるために、サバイバルキャンプなどをしてみるのもいいかもしれません。最近では、災害時の訓練を目的とした防災キャンプもあります。

そこでは、次のような事態に遭遇するのではないでしょうか。「ライトがなかったらどうするか?」「水がなかったらどうするか?」「雨をしのぐ場所がなかったらどうするか？」など、いずれも難問です。しかし、実際にそのようなことがあるかもしれません。トレーニングだと思って、ぜひ考えてみてください。

⑩メタ思考法

「メタ思考法」の「メタ（meta）」とは、古代ギリシア語で「〜を超えた」を意味します。よく「メタレベル」などの表現を聞くことがありますが、その場合は「ひとつ上の次元」というニュアンスで使われているのでしょう。

また、哲学のことを「形而上学《けいじじょうがく》＝メタフィジックス（metaphysics）」と呼ぶことがありますが、正確には哲学の一《いち》分野を指し、古代ギリシア語の「メタフュシカ（metaphysica）」に由来します。文字通り訳せば、「自然学のあと」となります。これは、古代ギリシアの哲学者アリストテレス（紀元前３８４〜同３２２年）の著作群を整理する時に、弟子たちが自然に関する著作のあとに、その基礎となる論理に関する著作を配置したことから来ています。

つまり、物事の基礎となる、言わば物事の背後にある上位の次元の議論を「メタ」と呼び、現代にも影響を与えているのです。ですから、メタ思考法とは、ひとつ上の次元から物事をとらえる思考法と定義したいと思います。

具体的には、形而上学の典型的な問い「存在とは何か？」「時間とは何か？」などから説明しましょう。たとえば、目の前に机があるかどうかを問うのは、普通の問いです。しかし、「ある」とはどういうことかを問うことは、メタレベルの問いです。「時間とは何か？」も同様です。「時間はどのように計算するか？」「時計とは何か？」といった具体的な問いではありません。

こうしたメタ思考法によって、物事の本質が見えてきます。具体的な問いは、ＡＩがいくらでも答えてくれます。人間は、その奥へ奥へと深淵な思考を展開していかねばなりません。メタ思考法は、そのためのツールなのです。

では、どうやって次元を超えて思考することができるのか？

それは、問題になっている対象について次元を変える、つまり視点を変えて問えばいいのです。その際、より根本的な問題に目を向けます。「目の前に机があるか？」なら、そもそも「『ある』とはどういうことか？」というように、その物事にかかわる背景を見るわけです。

このように、より根本的なことを問うことが哲学するということなのです。メタ思考法こそ、ＡＩには譲《ゆず》れない哲学思考の根幹です。視点を変えるということは、ある意味で突《とっ》拍子《ぴょうし》もないことで、ＡＩのようにロジカルに思考するだけではなかなかできることではありません。

ふとしたことからヒントを得て、物の見方を完全に変えてしまうのですから、世界を変えることでもあります。自分にとっても、また他者にとっても。同じ物事や状態が、視点を変えるだけで１８０度違った意味を持つなんて、すごいことだと思いませんか？

視点を変えることで物事の意味を転換できる人間の「超能力」と言ってもいいでしょう。哲学は、そんなすごい要素を根幹に持っているのです。

メタ思考法トレーニング

それでは、「メタ思考法」はどのように訓練すればいいのか？

これは意外に簡単で、核心に迫るようにどんどん問い詰めていけばいいのです。「目の前に机があるか?」なら「そもそも机があるとはどういうことなのか?」、さらに「『ある』とはどういうことか?」というように。

そのためには、物事を俯瞰《ふかん》することが大事です。「目の前に机があるか?」と問われて、目の前の机ばかりに気を取られることなく、もっと大きな視点で考えるわけです。

また、問いをずらす訓練も役に立ちます。ストレートに答えようとすると、次元を超えることができないので、問いそのものをずらすのです。次元を超えるとは、みんなが見ている同じ地平からずれることです。

たとえば、「車は便利ですか?」という問いなら、「便利なのは車だけですか?」「車が便利だというのは、いったいどういう意味ですか?」というようにずらす。視点をずらすと思ってもらえばいいでしょう。正面からではなく、いわゆる「斜め45度から」見る。すなわち、意外なところから切り込むのです。

さらに、もっとも根本的な問いは何かを考える訓練も有効です。物事には根本的な原因があるはずで、それを見つけるクセをつける。個々の理由ではなく、そもそも「ある」ということの意味自体に行き着くようにするのです。

具体的には、一番中心となる言葉に着目して、それを突き詰めていきます。たとえば、「政治はおもしろいのか？」と誰かが言ったとします。ここから根本的な問いは何か探っていくのです。「そもそもおもしろいとはどういうことか？」→「そもそも興味があるとはどういう状態なのか？」→「そもそも興味とは何か？」→「そもそも気になるとは？」→「そもそも気とは？」というように。リンゴを剝《む》きながら、徐々に芯《しん》に迫っていくイメージです。

第5章

未来の生き方

人間とは何か？

ここまで、ＡＩについて論じつつも、実は「人間とは何か？」を論じてきたように思います。意識してそうしたわけではないのですが、ＡＩの弱点を考えたり、哲学のしかたなどを論じたりしているうちに、人間の特性を考えざるを得なかったからです。

これは私に限らず、科学者やＡＩ開発者がよく言うことですが、研究や開発の究極の目的は人間とは何かを知ること。それほど、人間という存在は謎に満ちています。不可解な存在と言ってもいいでしょう。

ＡＩとの比較のなかで明らかになったのは、少なくとも、人間はＡＩなる機械とは正反対の性質を有《ゆう》しているということです。

たとえば、ＡＩの能力を象徴するディープラーニングの技術も、あくまで統計手法にすぎません。つまり、ある一定の原則を前提に、それに合った答えを高速で導き出す仕組みなのです。

こうした思考方法を「演繹法《えんえきほう》」と言います。答えがマッチするかどうかを探っているだけですから、導き出された答えは当然、完璧なものになります。これが機械の本質です。

それに対して人間は、基本的に「帰納法《きのうほう》」という思考法を取ります。つまり、個別の事象を積み重ねることで、その都度〝確からしい〟答えを導く。だから、新しい問題や難解な問題が生じると、答えが揺らぐのです。これが人間の不完全さであり、本質です。だからといってＡＩのほうが優れているわけではないことは、すでに見てきた通りです。

本書の最後に、人間とは何かということについて考察していきます。ＡＩと比較したからこそ明らかになった人間像をしっかりと受け止めたうえで、私たちは生き方や働き方を考えていく必要があると思うからです。

ＡＩを求める風潮は何を表わすのか？

私が人間について考える時、いつも思い出すのは、脳生理学者・時実利彦《ときざねとしひこ》さんの著書『人間であること』です。私が生まれた１９７０年の刊行ですが、２０１８年８月時点で70刷、まさにロングセラーです。

この本で、人間の特徴として挙げられている項目を並べてみます。

「健康であること」「食べること」「交わること」「群がること」「肌をふれあうこと」「怒ること・恐れること」「感覚すること・認識すること」「手を使うこと」「記憶すること」「学習すること」「考えること・書くこと」「意志すること」「創造すること」「喜ぶこと・悲しむこと」「ことばを話すこと」「歌うこと・踊ること」「笑うこと・泣くこと」「時間を体験すること」「生へ執着すること」「争うこと・殺すこと」「気にすること・心配すること」「遊ぶこと」「眠ること」「夢見ること」「非合理的存在であること」「いのちを尊ぶこと」「人間であること」

（時実利彦著『人間であること』目次より）

いかがでしょうか？　もうこれだけで答えがわかったのではないでしょうか？

なぜなら、私たち自身が人間だからです。ここに挙げられているひとつひとつの行為の意味が理解できるのです。ＡＩをはじめ、機械にはそのことの意味自体がわかりません。なぜそれが人間らしさなのか、彼らにはその経験がないからです。

なかには、表面的にできることもあるでしょう。今やＡＩは書いたり、言葉を話したり、笑ったりしています。しかし、それはあくまで条件が原則にマッチしたから起こっている反応にすぎません。はたしてＡＩは、肌が触れ合ったことで何かを感じて、それを言葉にしたいと思うでしょうか？

時実さんが挙げた人間の特徴は、もしかしたらすべてつながっているのかもしれません。これら全部がつながり、ひとつの有機体として存在しているもの。それが「人間」ということなのでしょう。

だから私たちは、人間としてここに書いてあることをできていないといけません。交わったり、笑ったり、夢見たり……（争うこと・殺すことはそのような本質を持っていることを認識するにとどめるべきですが）、自分が人間であることを確認する作業が今こそ求められているのです。

私たちはテクノロジーを追求しすぎて、大事なものを忘れかけている気がしてなりません。健康とは病気やケガと共存しながら、それでもイキイキと生活を営んでいくことであるにもかかわらず、テクノロジーによって病気にならないようにすればいいなどと発想してしまう。

その極致にあるのが、身体のサイボーグ化です。確かに、それならずっと健康でいられるかもしれませんが、病気をする存在としての人間の要素は失われてしまいます。はたして、それを「健康」と呼んでいいものかどうか。損《そこ》なわれることがないなら、むしろ健康という概念を失ったと見るべきではないか。

SF映画『ゴースト・イン・ザ・シェル』のなかで、人間が身体の一部をどんどん義体化、つまりサイボーグ化して喜ぶシーンが出てきますが、これはもうSFではなく、現実になってきているのです。

AIは、あたかも人間の弱点を克服するテクノロジーであるかのようにとらえられているけれども、その半面、人間のよさが軽視される風潮を見過ごしてはならないでしょう。

人間には弱点もありますが、強みもあります。そして、強みも弱みも知ったうえで、これからの時代を生きていくべきでしょう。人間とはかくも複雑で面倒な、しかし愛すべき存在であることをぜひ自覚してください。

いかに生きるか？

　では、そんな人間がいかに生きていけばいいか？　本書のテーマに沿って言えば、「勉強」をどう人生の目的として取り入れていくか？

　ＡＩが実装されたこれからの時代、人間はうかうかしていられません。前述のように、人間がすべきことのほとんどは、アイデアを考えることです。新しい情報を取り入れ、それらを組み合わせたり、深く考えたりする。

　したがって、私たちは常に勉強をしながら生きていくことを余儀なくされますし、勉強を否定的なものとしてとらえる人に未来はありません。かといって、悲嘆にくれていてもしかたありません。ＡＩのせいで勉強を強《し》いられる人生にするのではなく、ＡＩのおかげで勉強を楽しむ人生にする必要があるのです。

　すでに書いてきたことと重複しますが、大切なことなので強調しておきます。そもそも人間は遊ぶ存在でした。それが合理性の追求のために働く存在になってしまった。そこにＡＩが登場して、今度は勉強する存在へと変わらなければならなくなった。

とするならば、「勉強」を「遊び」にすることができれば、人間は元の姿に戻れます。

そして、本来の人間らしい生き方を再び手にすることができる。AIが機械の部分を担ってくれるのですから、機械のように不自由ではない、自由な生き方ができるわけです。勉強を遊びにできた人だけが、人生の成功者となるのです。

これまでもそうですが、以下の記述においても、私が「勉強」と言う時には、そこには「遊び」が含まれています。なぜなら、理想の勉強とは、遊びみたいなものですから。勉強=遊びと言っても過言ではありません。

アメリカの哲学者エリック・ホッファー(1902~1983年)は、もともと人間は遊ぶ存在だったと断言しています。だから土器よりも先に土偶を作ったのだと。実用よりも祭祀や表現が先だったわけです。それが必要に迫られて仕事を優先するようになったというのは、その通りかもしれません。

だからホッファーは、もっと本来の人間のように遊ぼうと言いましたが、彼自身が行なったのは仕事と勉強だけです。何しろ、生涯、港湾労働者として働きながら、読書生活を送り続けた人物なのですから。そのホッファーが人間の本質に遊びを見て、かつ遊ぶことをすすめているのはどういうことか?

それはつまり、彼にとっては仕事も勉強も遊びだったということです。仕事は仕事と割り切っていたように見えて、彼は港湾労働を楽しんでいたのです。勉強も同様です。そのような感覚で行なっていたからこそ、毎日を楽しむことができたし、成果を挙げることもできたのでしょう。

これからの時代を生き抜く三つのキーワード

私は学者であり作家でもあるので、日々、本を読んだり勉強したりしていますが、それを楽しんでいます。誤解を恐れずに言えば、いずれも私にとって「遊び」です。

もちろん、それだけでは人生を楽しめているとは言えません。常に事態をポジティブにとらえ、明るく笑い飛ばせるおおらかさがあって、はじめて人生を楽しむことが可能になります。いくら勉強が遊びになっても、それ以外の時間を怯《おび》えて暮らすのでは意味がありませんし、心から遊びを楽しむことはできません。

ですから、AIをはじめとしたテクノロジーが人間を脅《おびや》かすと恐れてばかりいては、人生は暗いものになってしまいます。その意味では、私はAI悲観論に与《くみ》しません。もし

ＡＩが人間を支配したとしても、私たちの心までは支配できないでしょう。

私は常々《つねづね》、生きることをポジティブにとらえ、自分を信じて、何事も受け入れる「ポジティブ哲学」を提唱していますが、それは幸福に生きるための前提のようなものです。

「そんなことが可能なのか」とよく問われるのですが、可能です。しかも簡単にできます。

これは心の問題であり、物理的に何かを変えることではありません。自分次第でいくらでもポジティブに転換できるのです。見方さえ変えることができれば、物事には常にプラスの要素があったり、プラスに転じることができる可能性があったりします。そこを見るだけのことです。失敗をしたアスリートが、それを次に勝つための教訓としてとらえたり、大病をした人が健康のすばらしさを知ったりするように。

そうしたポジティブなマインドの前提のうえに、いったい何をすべきかという具体的な中身の話があるべきです。ＡＩ時代の今、それが「勉強」であり、勉強＝遊びなのです。

もうひとつキーワードを挙げるなら「共存」です。これはテクノロジーとの共存という意味です。ＡＩをはじめとしたテクノロジーといかにうまく共存していけるか。それが未来を生きやすいものにできるか否《いな》かの分水嶺《ぶんすいれい》だと言っても過言ではないでしょう。

いやが上《うえ》にも、新しい隣人が引っ越してくるのです。そんな時に逃げたり、嫌だと思っていたりしては、毎日を楽しめません。何とかして共存していく道を模索すべきです。棲《す》み分けでもいいし、協働でもいい。とにかく敵にだけはしないように気をつけなければなりません。

そのためには、認めることです。相手を認め、事実を認める。都合の悪い真実から目を背《そむ》けてはいけません。人は知らないものに対しては過剰に恐れがちですし、恐れは共存を妨《さまた》げます。しっかり見れば、どうつきあっていけばいいのか自《おの》ずと見えてくるはずです。

19世紀初頭、イギリスでラッダイト運動が起こりました。産業革命による機械の導入で、失業の危機にさらされた労働者たちが機械を打ち壊したわけですが、結局、彼らは報《むく》われませんでした。今でもインターネットを敵視したり、パソコンを敵視したりしている人がいますが、苦労しているように見えます。

テクノロジーの時代であることは認めざるを得ません。そのなかで、いかに共存していくか。その答えを、自分なりに見つけることが必要です。そう、これからの時代は「勉強」「ポジティブ哲学」「共存」がキーワードになるのです。

しかも、これらは密接に絡《から》み合っています。勉強も、テクノロジーとの共存も、ポジティブにとらえないと実現できません。また、勉強することでポジティブにもなれるでしょうし、テクノロジーとの共存の道も見えてくることでしょう。

モチベーションの維持に必要なこと

では、このように生きるためには、どのようにモチベーションを維持すればいいか？

まず、モチベーションとは何かを哲学してみましょう。モチベーションとは動機づけのことです。つまり、人間を動かす元となるものです。では、どんな時、人は何かをしたいと思うのか？

ひとつは、外部から刺激を与えられた時です。美しいものを見た時には、それを得たいと感じます。いわゆる憧《あこが》れです。あるいは、おいしいものを知れば、食べたいと思います。これは欲望ですね。こうした意味でのモチベーションは、外部の刺激に対する反応と言うことができます。

もうひとつは、自分の内側から何らかの思いが湧《わ》いてきた時です。たとえば、変わりたい、成長したいなど。この場合、必ずしも外部からの刺激があったとは限りません。無意識のうちに何かに刺激を受けているかもしれませんが、少なくともそれが直接的原因ではないことは確かです。長期間溜《た》まったフラストレーションが原因のことだってあります。

問題は、せっかく湧いたモチベーションをどう維持するか。

外部からの刺激によるものは、よほど刺激が強いか、刺激を与え続けないと、持続が難しいでしょう。なぜなら、刺激というのは薄れていくものですから。そうでなければ、人間の精神がもちません。たとえば激しい恐怖を感じた時、そのまま感じ続けていたら、日常生活は営めません。ありがたいことに、人間は忘れる動物です。恐ろしい、不快な体験を忘れることができるから、心の平安を保てるわけです。

これは、モチベーションの維持にとってはマイナスです。よほど刺激が強い場合を除けば、刺激を与え続ける工夫が不可欠です。とはいえ、同じものを見ても刺激はありませんから、同じ種類の異なるものを探して、継続的に摂取する努力が求められます。

たとえば、ある映画に影響を受けてモチベーションを得たとします。その場合、同じ作品を観るのではなく、その作品にモチーフやストーリーが似ている別の作品を探す必要があるわけです。私もよくやります。

ただ、このパターンはなかなか大変です。言うならば、薬を投与し続けなければもたない体のようなもの。ですから、モチベーションの維持は、内部から湧き上がってくるもののほうがいいのです。

これだとコントロールが難しいように思われるかもしれませんが、けっしてそうではありません。要は、自分が何かをする理由をしっかりと自分のなかで整理し、納得することです。そうすれば、自然に長続きするはずです。言い換えれば、一時的な気持ちの高まりが、自分にとっての長期的な目標に昇華《しょうか》するということです。

これを、私たちが目指す「勉強する人生」に当てはめると、「なぜ自分は勉強するのか？」「どうしてそれを続ける必要があるのか？」「その結果何が得られるのか？」を問うことになります。こうした問いに対して、じっくりと考えたうえで、自分なりに答えを出していくのです。

できれば、それをノートか何かに書いておくといいでしょう。モチベーションが薄れた時は、それを見返せばいいのです。まさに、初心《しょしん》忘るべからず。

仮に、初心が変わったとしても、問題はありません。人間ですから、多少は変わるほうが自然です。その時は、修正すればいいのです。時折、自分の答えを見直し、考え直すことで修正を図《はか》る。それでいいのです。ふだんの仕事の計画も、修正をしながら進めているはずです。人生における勉強も同じです。モチベーションの内容を変えないことが大事なのではなくて、モチベーションを維持し続けることこそが大事なのです。

未来の働き方

「いかに生きるか？」「そのためのモチベーションをどう維持すればいいか？」の次に考えたいのは、「どのように働くか？」です。

ＡＩ時代において、人間は思考力を生かして創造的な仕事をするべきであることはすでに触れました。では、具体的にどのように働けばいいのでしょうか？

まず、１日の過ごし方はこれまでと大きく変わってきます。創造のための思考が仕事の大半を占めるようになると、長時間勤務の必要がなくなります。むしろ、それは有害ですらあるでしょう。そして、多くのクリエイターがそうであるように、裁量労働が主になるものと思われます。成果を出せば、労働時間は問われません。

といっても、それは営業マンのようにノルマがあったり、雑誌の連載をしている作家のように締め切りに追われたりするなど、切羽《せっぱ》詰まったものではいけません。じっくりと思考し、創造するためには、自分のペースで仕事がコントロールできるものでなければいけません。

裁量労働はシャドウワーク（賃金が支払われない労働）を生むという議論がありますが、それはあくまでノルマや締め切りがある仕事を前提にしているからです。しかし、ＡＩ時代には前提が変わります。そのような仕事はＡＩに任せるのが基本になるのです。

こうして、１日の時間の使い方が自由になると、働く＝遊びが現実的なものになってきます。働いている時間と遊んでいる時間の境界が曖昧になるからです。それと共に、両者の中身も混ざり合ってきます。働いているようで遊んでいる、遊んでいるようで働いているということが起こるわけです。身近なところでは、休日にテレビを観ていたら、そのなかでヒントが見つかり、急にメモを取り始めることなどがそうです。

そもそも創造的な営みは、全身を刺激する環境にいたほうがはかどることはまちがいありません。いつも同じ無機質な会議室に閉じ込められて、いったいどうやってクリエイティブになれるというのでしょうか。

年間の休みの取り方についても、今のように有給休暇をほとんど消化できないという異常事態は変わってくるでしょう。あくせくする必要はないのです。もちろん、働く＝遊びになれば、実質的に長時間仕事に携《たずさ》わることになるかもしれませんが、ストレスはないはずです。だから、ふだんは集中して働き、そのぶん長期の休暇を何度も取ればいいのです。いわゆる欧米型バカンスです。

よく自分がいない間のことを心配する日本人が多いのですが、ＡＩ時代はそうした経常的なことは機械がやってくれますから、人間はしっかり休めばいいのです。

未来の生き方

これからの時代、キャリアおよび人生に対する考え方は、上昇志向にもとづくガツガツしたものではなくなるでしょう。キャリアアップではなく、いかにキャリアを維持するかが重要になります。

これは、芸術家を思い浮かべてもらえばいいのですが、彼らは出世など望みません。自分のやりたいことをやり続けるのが一番大事なことだからです。大学の教員も似たようなところがあり、皆、出世よりも好きな研究を続けることを重視する傾向があります。社会的評価よりも、自らの人生を充実させることを重視しているのです。

このように見てくると、AI時代の働き方はとても自由なものと言えます。それは、まるで仕事を趣味にしているようなもの。

たとえば、今やビル・ゲイツを抜いて世界一の富豪となったアマゾンのCEOジェフ・ベゾス。彼は「ワークライフハーモニー」を唱えています。「ワークライフバランス」が、仕事と私生活の調和を意味するのに対して、彼が目指すのは仕事と私生活を融合し、どちらも充実した状態です。

ワークライフバランスは、1日＝24時間という限られたパイの奪い合いです。半々がちょうどいいのか、あるいは仕事4：私生活6くらいが理想なのか。いずれにしても、ワークの比重が大きすぎると、バランスを欠くことになります。

ところが、ワークライフハーモニーの場合、仕事が私生活であり、仕事が趣味であり、仕事が遊びなわけです。ですから、1日のどの瞬間もが充実していることが大事なのです。もはや、バランスという尺度ではなくなります。

もちろん、こうした考えには批判もあります。やはりオンとオフの区別が必要だという意見です。これは、もっともなことです。お風呂にゆっくり浸《つ》かっている時に仕事のことを考える必要はありませんし、家族との団欒《だんらん》で仕事の話をする必要もありません。

とはいえ、仕事は仕事と分けて、あえてそれを決まった時間に閉じ込める必要もないと思うのです。それが本当に好きなことであるのなら、時間や空間の境界を設けなくてもいいのではないでしょうか。

ここがポイントです。好きならそのことばかり考えたり、そのことばかり話したりしてもいいと思います。この場合、仕事は「夢」という言葉に置き換えられるかもしれません。大《だい》の大人が四六時中、夢の話をしていたらどうですか？　子どもっぽいと思いますか？　それとも、素敵だと思いますか？

私が言いたいのは、仕事を夢にするということです。そうすれば、ワークライフハーモニーに対する見方も変わってきます。

確かに、現時点ではベゾスの言うような働き方をするのは難しいかもしれません。才能と運に恵まれたほんの一握《ひとにぎ》りの人たちだけでしょう。ところが、ＡＩ時代には誰もがそんな憧れの働き方を実現できるのです。

ただし、きちんと勉強し続ければの話です。もちろん、遊びも含めての勉強です。そうしてＡＩに負けない創造的思考をし続けることができてはじめて、充実した人生を過ごすことが可能になるのです。ぜひ本書でＡＩに負けない勉強法を身につけ、ＡＩに負けない思考法をマスターしてください。未来はもう、すぐそこまで来ているのですから……。

主要参考文献

新井紀子『AI vs. 教科書が読めない子どもたち』東洋経済新報社　2018年
伊勢田哲治『哲学思考トレーニング』筑摩書房　2005年
井上智洋『人工知能と経済の未来――2030年雇用大崩壊』文藝春秋　2016年
岡本裕一朗『人工知能に哲学を教えたら』SBクリエイティブ　2018年
落合陽一『超AI時代の生存戦略――シンギュラリティ〈2040年代〉に備える34のリスト』大和書房　2017年
梶谷真司『考えるとはどういうことか――0歳から100歳までの哲学入門』幻冬舎　2018年
ケヴィン・ケリー著、服部桂訳『〈インターネット〉の次に来るもの――未来を決める12の法則』NHK出版　2016年
小林雅一『AIの衝撃――人工知能は人類の敵か』講談社　2015年
島田裕巳『AIを信じるか、神《アッラー》を信じるか』祥伝社　2018年
清水真木『感情とは何か――プラトンからアーレントまで』筑摩書房　2014年
ダニエル・C・デネット著、土屋俊訳『心はどこにあるのか』筑摩書房　2016年
時実利彦『人間であること』岩波書店　1970年

長尾一洋『AIに振り回される社長 したたかに使う社長』日経BP社 2018年
西垣通『AI原論――神の支配と人間の自由』講談社 2018年
ニック・ボストロム著、倉骨彰訳『スーパーインテリジェンス――超絶AIと人類の命運』日本経済新聞出版社 2017年
野村直之『実践フェーズに突入 最強のAI活用術』日経BP社 2017年
野矢茂樹『心という難問――空間・身体・意味』講談社 2016年
松尾豊『人工知能は人間を超えるか――ディープラーニングの先にあるもの』KADOKAWA 2015年
レイ・カーツワイル著、NHK出版編『シンギュラリティは近い――人類が生命を超越するとき［エッセンス版］』NHK出版 2016年

切りとり線

★読者のみなさまにお願い

この本をお読みになって、どんな感想をお持ちでしょうか。祥伝社のホームページから書評をお送りいただけたら、ありがたく存じます。今後の企画の参考にさせていただきます。また、次ページの原稿用紙を切り取り、左記まで郵送していただいても結構です。

お寄せいただいた書評は、ご了解のうえ新聞・雑誌などを通じて紹介させていただくこともあります。採用の場合は、特製図書カードを差しあげます。

なお、ご記入いただいたお名前、ご住所、ご連絡先等は、書評紹介の事前了解、謝礼のお届け以外の目的で利用することはありません。また、それらの情報を6カ月を越えて保管することもありません。

〒101-8701（お手紙は郵便番号だけで届きます）
祥伝社新書編集部
電話03（3265）2310
祥伝社ホームページ　http://www.shodensha.co.jp/bookreview/

★本書の購買動機（新聞名か雑誌名、あるいは○をつけてください）

＿＿＿＿新聞の広告を見て	＿＿＿＿誌の広告を見て	＿＿＿＿新聞の書評を見て	＿＿＿＿誌の書評を見て	書店で見かけて	知人のすすめで

★100字書評……AIに勝てるのは哲学だけだ

名前

住所

年齢

職業

小川仁志　おがわ・ひとし

哲学者、山口大学国際総合科学部准教授。1970年、京都府生まれ。京都大学法学部卒業後、伊藤忠商事入社。同社退職後、4年間のフリーター生活を経て名古屋市役所入庁。同市役所に勤務しながら、名古屋市立大学大学院にて博士号(人間文化)取得。徳山工業高等専門学校准教授、プリンストン大学客員研究員を経て、現職。専門は公共哲学。NHK Eテレ「世界の哲学者に人生相談」の指南役や商店街での「哲学カフェ」主宰などでも知られる。著書に『哲学カフェ!』『問題解決のための哲学思考レッスン25』『5日で学べて一生使える! レポート・論文の教科書』など。

AI《エーアイ》に勝《か》てるのは哲学《てつがく》だけだ
——最強《さいきょう》の勉強法《べんきょうほう》12＋《プラス》思考法《しこうほう》10

小川仁志《おがわひとし》

2019年1月10日　初版第1刷発行

発行者……………辻 浩明
発行所……………祥伝社《しょうでんしゃ》
〒101-8701　東京都千代田区神田神保町3-3
電話　03(3265)2081(販売部)
電話　03(3265)2310(編集部)
電話　03(3265)3622(業務部)
ホームページ　http://www.shodensha.co.jp/

装丁者……………盛川和洋
印刷所……………萩原印刷
製本所……………ナショナル製本

Printed in Japan　ISBN978-4-396-11560-9　C0210

〈祥伝社新書〉
語学の学習法

312
一生モノの英語勉強法
「理系的」学習システムのすすめ
京大人気教授とカリスマ予備校教師が教える、必ず英語ができるようになる方法
京都大学教授 鎌田浩毅
研伸館講師 吉田明宏

405
一生モノの英語練習帳
最大効率で成果が上がる
短期間で英語力を上げるための実践的アプローチとは？　練習問題を通して解説
鎌田浩毅
吉田明宏

383
名演説で学ぶ英語
リンカーン、サッチャー、ジョブズ……格調高い英語を取り入れよう
青山学院大学准教授 米山明日香

426
使える語学力
7カ国語をモノにした実践法
古い学習法を否定。語学の達人が実践した学習法を初公開！
慶應義塾大学講師 橋本陽介

102
800字を書く力
小論文もエッセイもこれが基本！
感性も想像力も不要。必要なのは、一文一文をつないでいく力だ
埼玉県立高校教諭 鈴木信一

〈祥伝社新書〉
経済を知る

111
超訳『資本論』
貧困も、バブルも、恐慌も——マルクスは『資本論』の中に書いていた！
神奈川大学教授 的《まと》場《ば》昭《あき》弘《ひろ》

153
超訳『資本論』第2巻 拡大再生産のメカニズム
形を変え、回転しながら、利潤を生みながら、増え続ける資本の正体に迫る
的場昭弘

154
超訳『資本論』第3巻 完結編
「資本主義」は、なぜ人々を不幸にするのか？
利子、信用、証券、恐慌、地代……資本主義の魔術をマルクスはどう解いたか
的場昭弘

151
ヒトラーの経済政策 世界恐慌からの奇跡的な復興
有給休暇、がん検診、禁煙運動、食の安全、公務員の天下り禁止……
ノンフィクション作家 武田知弘

343
なぜ、バブルは繰《く》り返されるか？
バブル形成と崩壊のメカニズムを経済予測の専門家がわかりやすく解説
久留米大学教授 塚崎公義

〈祥伝社新書〉
経済を知る

533
業界だけが知っている「家・土地」バブル崩壊
１９８０年代のバブルとはどう違うのか、２０２０年の大暴落はあるのか
不動産コンサルタント
牧野知弘

498
総合商社
その「強さ」と、日本企業の「次」を探る
なぜ日本にだけ存在し、生き残ることができたのか。最強のビジネスモデルを解説
専修大学教授
田中隆之

394
ロボット革命
なぜグーグルとアマゾンが投資するのか
人間の仕事はロボットに奪われるのか。現場から見える未来の姿
大阪工業大学教授
本田幸夫

478
新富裕層の研究
日本経済を変える新たな仕組み
新富裕層はどのようにして生まれ、富《とみ》のルールはどう変わったのか
経済評論家
加谷《かや》珪《けい》一《いち》

503
仮想通貨で銀行が消える日
送金手数料が不要になる？　通貨政策が効《き》かない？　社会の仕組みが激変する！
信州大学教授
真壁《まかべ》昭夫

〈祥伝社新書〉
教育・受験

495
なぜ、東大生の3人に1人が公文式なのか？
世界でもっとも有名な学習教室の強さの秘密と意外な弱点とは？
育児・教育ジャーナリスト
おおたとしまさ

360
なぜ受験勉強は人生に役立つのか
教育学者と中学受験のプロによる白熱の対論。頭のいい子の育て方ほか
明治大学教授
齋藤　孝
家庭教師
西村則康《のりやす》

433
なぜ、中高一貫校で子どもは伸びるのか
開成学園の実践例を織り交ぜながら、勉強法、進路選択、親の役割などに言及
開成中学校・高校校長
東京大学名誉教授
柳沢幸雄

519
日比谷高校の奇跡　堕ちた名門校はなぜ復活し、何を教えているのか
東大合格者数・公立高校1位！　復活を遂げた理由がここに！
日比谷高校校長
武内　彰《あきら》

452
わが子を医学部に入れる
医学部志願者が急増中！「どうすれば医学部に入れるか」を指南する
桜美林大学北東アジア総研
客員研究員
小林公夫